1. Auflage 2007
ISBN 978-3-937774-38-1
CoCon-Verlag Hanau
In den Türkischen Gärten 13
63450 Hanau
Tel.: 06181/17700
Fax: 06181/181333
Email: kontakt@cocon-verlag.de
www.cocon-verlag.de

Ferdinand Graef

Ronneburger Hügelland

Wanderungen
durch
Landschaft, Dorf und Geschichte

Herausgegeben vom
Geschichts- und Heimatverein e.V. Ronneburg

CoCon-Verlag

Kernburg der Ronneburg
mit dem alles überragenden Bergfried

Vorwort

Das Ronneburger Hügelland liegt zwischen den Ausläufern des Vogelsberges im Norden und dem Spessart im Süden. Im Westen wird es von der fruchtbaren Wetterau begrenzt. Seinen Namen trägt es nach der erstmals um 1258 erwähnten Ronneburg, die auf einem Basaltkegel über dem Tal des Fallbaches weit über die sanfte Hügellandschaft hinausragt. Die Ronneburg ist der Inbegriff einer Höhenburg. Sie war schon in der Vorgeschichte und im Mittelalter zur Zeit Kaiser Friedrichs I. Barbarossa von strategischer Bedeutung zur Sicherung des Landes und der Handels- und Heerstraßen. Von ihrem markanten Bergfried aus reicht unser Blick im Norden und Osten weit in den Naturpark Vogelsberg hinein bis zum Hoherodskopf, im Süden bis zum Spessart und im Westen bis zum Taunus und zur Skyline von Frankfurt.

Der Fallbach windet sich durch die fruchtbare Lösslandschaft von Vonhausen kommend nach Diebach am Haag, vorbei am Fuß der Burg, durch Altwiedermus und Neuwiedermuß nach Hüttengesäß. In alter Zeit klapperten dort zahlreiche Mühlen, deren Standorte man noch heute gut erkennen kann. Auch das benachbarte Gründautal war von Mittel- über Niedergründau bis Langenselbold mit Mühlen reich bestückt. Beide Bäche münden in die Kinzig und mit ihr in den Main. Die Vorzüge dieser Wasserläufe und des fruchtbaren Lössbodens hatten schon die Menschen in der Vorgeschichte erkannt. So kam es im Ronneburger Hügelland schon früh zur Besiedlung. Zahlreiche Funde aus der Steinzeit sowie aus keltischer und römischer Zeit belegen dies. Sie können in den Museen von Langenselbold, Niedergründau, Marköbel und Ronneburg besichtigt werden.

Mit dem Bildband »Ronneburger Hügelland – Wanderungen durch Landschaft, Dorf und Geschichte« möchten wir Ihnen diese interessante und schöne Kulturlandschaft vorstellen und Sie mit ihrer Geschichte bekannt machen. Die Spuren historischer Vergangenheit sind leicht zu erwandern oder zu erfahren. Am besten beginnen Sie im Mittelpunkt des Ronneburger Hügellandes, auf der Ronneburg, und besteigen nach einem Besuch des Burgmuseums den Bergfried. Die herrliche Aussicht rundum belohnt Sie für die vielen Stufen! Von dort oben können Sie auch Ihre Wanderziele ausmachen. Zu Fuß oder mit dem Rad sind der Herrnhaag, die Domäne Marienborn oder die Reste der Burgruine Hardeck gut zu erreichen. Wenn Sie Glück haben, erleben Sie in den Dörfern mit den vielen Fachwerkhäusern ein deftiges Backhausfest, eine Kerb, ein Latwergefest oder direkt auf der Ronneburg die weithin beliebten Ritterspiele. Lassen Sie sich von unseren Kontaktempfehlungen auf Seite 186 des Buches über die Veranstaltungstermine informieren. Wenn Sie unterwegs nach dem richtigen Weg oder nach einem guten Restaurant fragen, bekommen Sie von den Bewohnern in der örtlichen Mundart immer freundliche Auskunft.

Geschichts- und Heimatverein Ronneburg e.V.
Ferdinand Graef
(1. Vorsitzender)

Rundblick vom Bergfried der Ronneburg bis zum Hahnenkamm im Vorspessart und den Ausläufern des Odenwalds

Wanderungen durch Landschaft, Dorf und Geschichte 110

Blick auf Hüttengesäß. Im Vordergrund Altwiedermus, in der Ferne ist die Frankfurter Skyline zu sehen.

Blick vom Hüttengesäßer Pfingstberg auf das Ronneburger Hügelland mit der Ronneburg (238 m). Im Vordergrund liegt Hüttengesäß mit der alten Dorfkirche. Links ist der Höhenzug der Hardeck (295 m) und im Hintergrund der Naturpark Vogelsberg mit dem Hoherodskopf (764 m) zu erkennen. Der Vogelsberg entstand vor 19 Millionen Jahren als Vulkan und ist das größte zusammenhängende Basaltmassiv Europas. Er besteht aus einer Vielzahl von vulkanischen Basaltschichten, die sich nach Westen abstufen und deren Ausläufer das Ronneburger Hügelland bilden.

Das Ronneburger Hügelland

Zur Definition des Ronneburger Hügellandes schreibt Erwin Rückriegel aus Niedergründau: »Liegt Niedergründau im Vogelsberg oder in der Wetterau? Beides wird von den Niedergründauern zu Recht verneint. Zu welchem Naturraum gehört es eigentlich? Über die naturräumliche Gliederung Deutschlands haben sich die Geographen Gedanken gemacht und Deutschland seit den 50er Jahren des letzten Jahrhunderts in kleinere Gebiete, die gemeinsame Merkmale haben, aufgeteilt. Dem Bereich zwischen Wetterau, Spessart und Vogelsberg – dem nordöstlichen Teil des Rhein-Main-Tieflandes – gab man wegen seiner hügeligen Struktur und der dieses Land überragenden Burg den Namen Ronneburger Hügelland. Es gliedert sich in drei Teile, das eigentliche Ronneburger Hügelland (mit Niedergründau) im Nordwesten, die Kinzigniederung in der Mitte und das Oberrodenbacher Hügelland im Südosten. Im Westen grenzt es an die Wetterau, im Osten an den Büdinger Wald und im Süden an den vorderen Spessart.
Das eigentliche Ronneburger Hügelland ist eine hügelige bis kuppige Landschaft, die vorwiegend aus Schichten des Rotliegenden aufgebaut ist. Vor der Sandsteinstufe des Büdinger Waldes zieht sich ein schmaler Streifen des Dolomit-Kalkes der Zechstein-Zeit hin, der an mehreren Stellen zu Tage tritt. Die älteren Täler sind groß, breit und muldenförmig, die

jüngeren V-förmig. Auf den lang gestreckten Bergrücken finden sich Reste tertiärer Basalt- und Trappdecken: Die Lavamassen, die sich im Tertiär in Talmulden ergossen haben, sind bis zur Gegenwart von Wind und Wetter als Härtlingszüge herausgearbeitet worden. Der Löss auf den Höhen und Hängen wurde während der Eiszeit aus der oberrheinischen Tiefebene (Schotterebene von Ur-Main und Ur-Rhein) hierher geweht. Die bunten Letten des Rotliegenden und der Löss ergeben gute Ackerböden, die intensiv genutzt und mit Getreide, Mais und Raps bestellt werden. Auf den Härtlingszügen, zum Beispiel Hardeck, wachsen Buchen-Mischwälder. Die Talgründe werden als Wiesen und Weiden genutzt.
Das Jahresmittel der Temperatur liegt in den Tälern (150 m ü. NN) bei 8,5 Grad Celsius, auf den Höhen (250 m ü. NN) bei 8 Grad, die mittlere Juli-Temperatur bei 17, 5 (17) Grad, die mittlere Januar-Temperatur bei 0 (-0,5) Grad. Die Niederschläge betragen 650 bis 750 mm und steigen von Westen nach Osten an, 10 Prozent fallen als Schnee. Die Apfelblüte fällt in die Zeit vom 29. April bis 5. Mai.«[1]
Diese Daten stammen aus der Zeit von 1992 und haben sich bis heute deutlich verändert. Das Jahresmittel der Temperatur liegt inzwischen, 15 Jahre später, bei 9,5 Grad Celsius, die Niederschläge betragen 925 mm, und die Apfelblüte ist heute um den 21. April. Die Diskussion um den Klimawandel ist also berechtigt!
Das Ronneburger Hügelland ist nicht nur durch den geologischen oder klimatischen Gesamtcharakter definiert, sondern auch durch die historisch-kulturellen Merkmale. Dazu haben die Grafschaften und das Fürstenhaus der Ysenburger mit ihren Schlössern, Gutshöfen und Kulturdenkmälern – von der Ronneburg über Marienborn, Langenselbold, Meerholz und Herrnhaag – während einer Zeitspanne von über 500 Jahren wesentlich beigetragen. Der Geist der Freiheit prägte die Entwicklungs- und Entfaltungsmöglichkeiten der Menschen dieser Landschaft und strahlte durch die Glaubensgemeinschaften der Herrnhuter und der Inspirierten in die ganze Welt aus. Fleiß und Nachhaltigkeit sind spürbare Charakterzüge der Menschen in dieser Gegend, in der Landwirtschaft, im Handwerk, im Gewerbe und in der Industrie. Das Ronneburger Hügelland ist liebenswert und wird zunehmend bei der Suche nach »Schöner Wohnen« bevorzugt. Unsere Wanderungen durch Landschaft, Dorf und Geschichte können dies verdeutlichen.

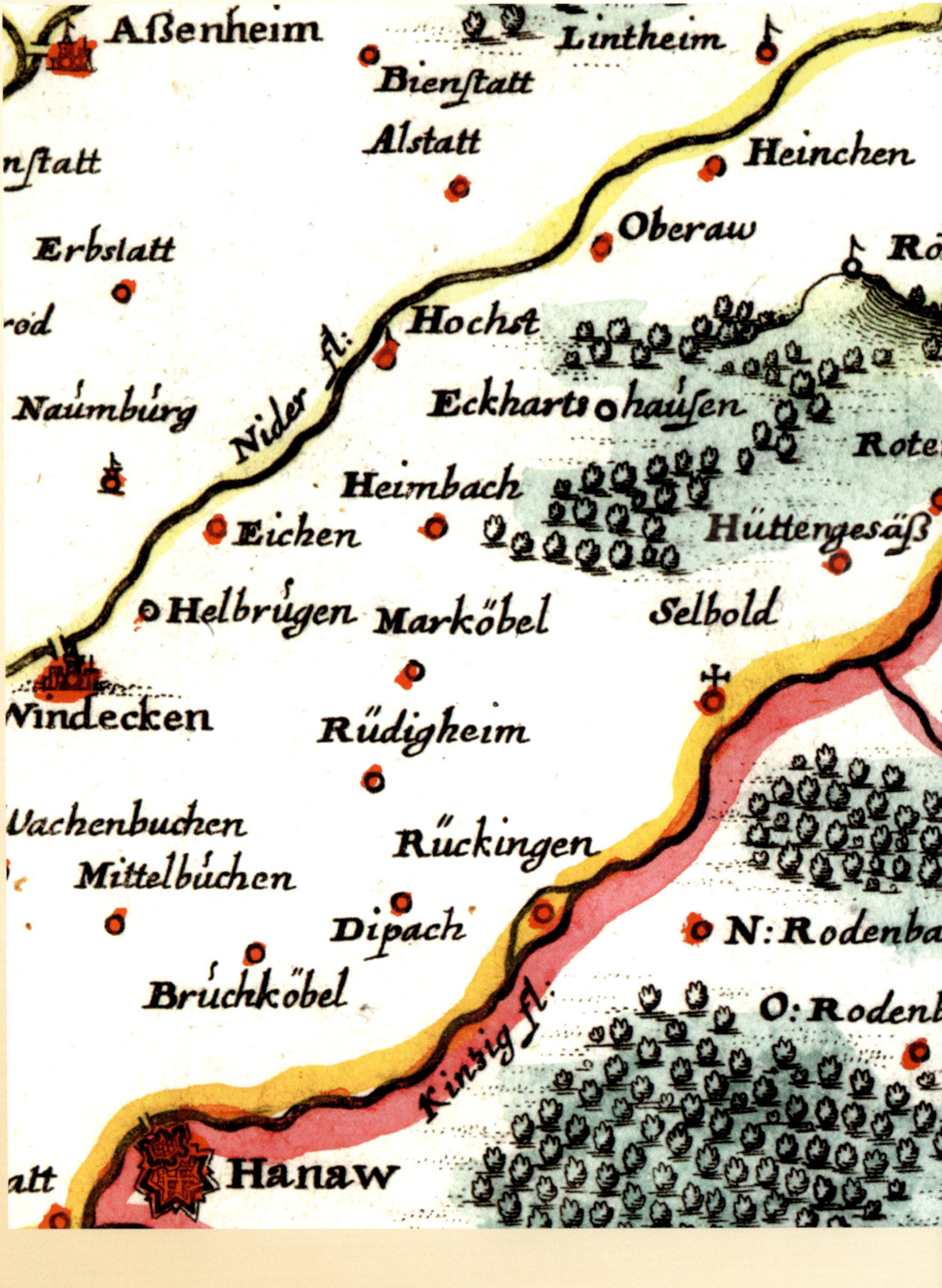
Aßenheim
Lintheim
Bienstatt
Alstatt
nstatt
Heinchen
Oberaw
Erbstatt
rod
Hochst
Nider fl.
Naumburg
Eckharts hausen
Rote
Heimbach
Eichen
Hüttengesäß
Helbrugen
Markobel
Selbold
Windecken
Rudigheim
Vachenbuchen
Ruckingen
Mittelbuchen
Dipach
N: Rodenba
Bruchkobel
O: Rodenb
Kinzig fl.
Hanaw
att

Das Ronneburger Hügelland auf der Karte »Wetteraw« von Matthias Merian, 1655 veröffentlicht in seiner »Topographia Hassiae, et Regionum Vicinarum«: »Das Ist Beschreibung Und Eygentliche Abbildung Der Vornehmsten Stätte Und Plätze in Hessen, Unnd Denen Benachbarten Stätte Und Plätze Als Buchen, Wetteraw, Westerwaldt, Löhngaw, Nassaw, Solms, Hanaw, Witgenstein ....«

Die Ronneburg hieß damals Rödenburg.

Die Ronneburg

Die Ronneburg in alten Ansichten

Fotoshooting an der Zollgrenze

Der Fallbach unterhalb der Ronneburg bildete bis 1866 die Grenze zwischen dem Kurfürstentum Hessen-Kassel, zu dem auch Hanau gehörte, und dem Großherzogtum Hessen. Deshalb wurde der Fallbach dort lange Zeit »Grenzbach« genannt. 1866 trat das Königreich Preußen an die Stelle von Hessen-Kassel. Auf den Grenzsteinen war entsprechend auf der einen Seite KP und auf der anderen Seite GH und die Jahreszahl der Steinsetzung eingemeißelt. Die Bürger, die auf beiden Seiten des Grenzbaches, in Neuwiedermuß und in Altwiedermus, nicht genug zu essen hatten, machten aus KP = kleine Portionen und aus GH = großer Hunger.
Auch als die Zollgrenze ihre Bedeutung verloren hatte, blieben die Grenzpfähle am Fuß der Ronneburg noch lange erhalten und dienten als Wegweiser. Bei besonderen Anlässen traf man sich zum Fotografieren – heute würde man zum »Fotoshooting« sagen – am Grenzpfahl in der Nähe des Ronneburger Hofes. Bemerkenswert ist die Mode der Herren und vor allem die Hutmode der Damen. Wahrscheinlich ist dieses Bild, die älteste bekannte Fotografie der Ronneburg, etwa 1890 entstanden.
Die unterschiedliche Schreibweise der beiden Ortsnamen Neuwiedermuß und Altwiedermus rührt noch von dieser königlichen-herzoglichen Grenze her, die eine einheitliche Rechtschreibreform in den deutschen Ländern (ähnlich wie heute) nicht umgesetzt hat.

Die Ronneburg war ab 1900 ein beliebtes Ausflugsziel. Zahlreiche Bildpostkarten zeugen davon.

Postkartengrüße von der Ronneburg

Die Ronneburg als künstlerisches Motiv

Oben: Stahlstich nach einer Zeichnung der Ronneburg von R. Weber, 1861
Unten: Die älteste Ansicht der Ronneburg aus dem 1638 in Frankfurt verlegten Buch »Politisches Schatzkästlein« von Eberhard Kieser und Daniel Meisner, mit einem Sinnspruch versehen

Im 20. Jahrhundert diente die Ronneburg dem Hanauer Maler, Zeichner und Illustrator Franz Stassen (1869 bis 1949) als Motiv in dem Märchenaquarell »König Drosselbart«. Das Bild hängt im Historischen Museum der Stadt Hanau im Schloss Philippsruhe.

Die Ronneburg von Süden, gemalt um 1870 vom ysenburgischen Hofbaumeister Victor Melior (1820 bis 1910). Die Familie Melior wohnte bis 1948 in Altwiedermus.

Oben: Die Kernburg mit dem Bergfried und dem zweiten Tor. Das Ysenburger Wappen befindet sich an der Spitze des Torbogens (Foto 1926).
Rechts: Das erste Burgtor von 1539 mit Schlupftür und Schießscharten (Foto 1926).

Zur Geschichte der Ronneburg

Die Herren von Büdingen waren im Zuge der staufischen Reichslandpolitik unter Kaiser Friedrich Barbarossa an der Errichtung der Ronneburg beteiligt. Als Ersterwähnung gilt das Jahr 1258. Die Ronneburg diente als Sicherungsburg in der Mainebene und in der Wetterau. Im Jahr 1313 kam sie in den Besitz des Mainzer Erzbischofs.[2] Die chronische Geldknappheit des Mainzer Erzbistums machte es notwendig, dass die Ronneburg im Zeitverlauf 1313 bis 1470 immer wieder verpfändet wurde. Sie war danach über anderthalb Jahrhunderte Objekt eines ständigen Besitzerwechsels durch Verpfändung unter benachbarten Rittern, die nicht selten mit der Handelsstadt Frankfurt in Fehde standen. So gehörte die Ronneburg auch eine Zeit lang den Rittern von Kronberg oder Rüdigheim. Der alte Handelsweg der Hohen Straße oder Reffenstraße verläuft weniger als ein Kilometer Luftlinie entfernt, in Blickweite der Ronneburg. Es ist anzunehmen, dass diese Rittersleute aus Begehrlichkeit zu »Raubrittern« wurden. Sie kontrollierten die Landstraße nach Frankfurt,

Der Palas mit dem runden Treppenturm und dem Kapellenerker (oben links mit gotischem Fenstermaßwerk) war in den 1920er Jahren verfallen. Unter dem Vorbau mit den Butzenscheiben geht es durch ein Holztor in den Weinkeller.

knöpften den Kaufleuten Zoll und Abgaben ab und schreckten auch nicht vor Raub zurück. Erstmals 1476 kam die Ronneburg in den Besitz der Ysenburger unter Graf Ludwig II. von Ysenburg. Unter ihm und seinen Nachfolgern erfolgte ein nachhaltiger Ausbau der Ronneburg zur Residenz. Die Burg verfügte schon sehr früh über einen Brunnen, der bis zum Wasserspiegel 96 Meter tief in den Basaltkegel ragt. Der Brunnen ist mehr als dreimal so tief wie der Bergfried hoch ist. Mit einem eindrucksvollen Tretrad wurde das Wasser über eine Seilwinde heraufgeholt.

Die Vorburg

In der Vorburg, deren Besichtigung kostenfrei ist, können Sie im Burgrestaurant einkehren und von einer Aussichtsplattform, dem ehemaligen Hexenturm, ins Ronneburger Hügelland schauen. Außerdem ist Platz für mittelalterliche Gestalten, die bei den beliebten Ritterspielen historisches Leben vorführen.
Im zweiten Tor befindet sich der Eingang zum Burgmuseum mit einem kleinen Museumsshop. Gleich dahinter ist der 96 Meter tiefe Brunnen mit dem hölzernen Tretrad zu besichtigen.

Innenhof der Kernburg mit den Eingängen zum Bergfried und zum Kemenatenbau (links)

Sagenhaft oder ein Stein des Anstoßes?

Im inneren Burghof, gleich am Eingang zum Kemenatenbau, steht ein mächtiger Stein, der ein Meter hoch und schätzungsweise 600 Kilogramm schwer ist. Er weist eine außerordentliche Form auf, dennoch wird er beim Eingang durch das Portal von den Besuchern kaum bemerkt.

Blick auf den mächtigen Palas, das eigentliche Hauptgebäude der Burg, und den Kemenatenbau rechts mit dem mehrgeschossigen Erker aus dem 16. Jahrhundert. Der Burgunderstein befindet sich am Fuße des Erkers rechts.

Er ist »kein Stein des Anstoßes«, sondern ein »sagenhafter« alter Grenzstein, ein Burgunderstein, der in unmittelbarer Nähe des Limes bei Rommelshausen Jahrhunderte lang auf dem »Grenzweg«, der so genannten Landwehr, stand. Zuletzt war er dort dem Forstbetrieb im Weg. Mit Genehmigung des Grundstückeigentümers und der Denkmalschutzbehörde wurde er 1978 auf Veranlassung von Professor Heinrich Richter aus Glauberg geborgen und mit Unterstützung von Walter Nieß im Innenhof der Ronneburg vorläufig aufgestellt.[3] Aus welcher Zeit aber stammt dieser merkwürdige Stein?
Als sich die Römer im dritten Jahrhundert vom Limes hinter die Rheinlinie zurückzogen, besetzten germanische Stämme, vor allem Alemannen und Burgunder, dieses Gebiet.
Die Burgunder, ein ostgermanischer Volksstamm, dessen Urheimat sich auf der Insel Bornholm befand (und die nach der Stammesbezeichnung ihrer Bewohner Burgundarholm genannt wurde), waren aufgrund von Klimaveränderungen zur Zeit der Völkerwanderung nach Süden aufgebrochen und hatten sich größtenteils im oberen und mittleren Maingebiet angesiedelt. Sie markierten in der Nähe des Limes ihren Grenzverlauf. Im Jahr 406 überschritten die Burgunder den Rhein bei Mainz. Worms war lange Zeit Mittelpunkt ihres Reiches. Die Burgunder standen den Römern als Hilfstruppen gegen die Alemannen und die Hunnen im Kampf zur Seite. 436 ließ der weströmische Feldherr Aetius die Burgunder von hunnischen Hilfstruppen überfallen und größtenteils vernichten. Die übriggebliebenen Burgunder siedelten sich westlich des Genfer Sees an und wählten Dijon – im heutigen Burgund – zu ihrer Hauptstadt. 451 kämpften die Burgunder mit den Römern wieder gegen den Ansturm der Hunnen auf den Katalaunischen Feldern. Diesen greifbaren historischen Tatsachen liegt der Heldenepos des Nibelungenliedes zu Grunde, von Siegfried und Kriemhild und vom Goldhort, der durch Siegfried in die Hände der Burgunder-Könige kam, die danach auch Nibelungen genannt wurden. Heute erinnert noch die Nibelungenstraße, die von Worms über Würzburg bis zur Donau historische Stätten verbindet, an den germanischen Volksstamm der Burgunder.
Den Limes oder Pfahlgraben am Übergang des Ronneburger Hügellandes zur Wetterau hatten die Burgunder 443 verlassen. Unser Burgunderstein ist also rund 1550 Jahre alt.
Ein weiterer Burgunderstein, genannt »Knorrhans« oder »Knollhans«, steht noch im Marköbler-Limeshainer Wald bei Rommelshausen direkt neben dem Grenzstein Nr. 156 KP, GH 1844.

Blick vom Bergfried der Ronneburg über alle drei Ortsteile der Gemeinde Ronneburg: Neuwiedermuß, der zu Altwiedermus gehörende Ronneburger Hof und Hüttengesäß. An guten Tagen reicht der Blick bis zum Odenwald, nach Frankfurt und in den Taunus.

Der Bergfried

Bergfried ist die Bezeichnung für einen mittelalterlichen Wehrturm, der sich meist in oder an der Kernburg befindet. Der Bergfried der Ronneburg stammt aus dem 14. Jahrhundert. Er war Beobachtungsturm zur Sicherung der Burg und diente als weithin sichtbares Statussymbol. Im unteren Bereich befand sich früher ein Verlies, oben war er mit einer Wächterstube ausgestattet.[4]

Der Bergfried beherrscht die Fernsicht über das Ronneburger Hügelland. Er ist 30 Meter hoch und steht mit seinem Fundament direkt auf Basaltfelsen. Der Aufstieg über die spätgotische Wendeltreppe mit ungefähr 150 Stufen zur Balustrade auf die Turmspitze mit dem markanten Renaissancehelm von 1576 lohnt sich. An guten Tagen reicht der Blick bis zum Odenwald, nach Frankfurt und in den Taunus. In den Turmhelm ist heute eine Mobilfunkantenne installiert.

Heiraten auf der Burg:
In Standesamt und Schlosskapelle, beide mit restauriertem floralen Wandschmuck ausgestattet, werden heute Hochzeitspaare getraut.
Links: Das Saalbau im Mittelgeschoss zeigt Fachwerk und Wandbemalung aus dem 15. Jahrhundert.

Im Burgmuseum

Bei einem Besuch im Burgmuseum fallen die unterschiedlichen Baustile – von der Romanik über die Gotik bis zur Renaissance im 16. Jahrhundert – auf, in denen sich auch die unterschiedliche Nutzung der Burg widerspiegelt: Anfangs diente die Ronneburg als Festung und Ritterburg, worauf die starken Mauern und Schießscharten hinweisen. Später war sie Ysenburger Schloss und Witwensitz.

Die landesweiten verwandtschaftlichen Verbindungen der Herren von Ysenburg mit anderen Adelshäusern reichten durch die Heirat mit einer Gräfin zu Wied an den Rhein, durch die Gräfin von Gleichen-Tonna nach Thüringen oder durch die Gräfin zu Rieneck in den Spessart. Die Raumgestaltung und die prächtige Renaissancemalerei der Schlossräume sowie die Heraldik zeugen heute noch davon.

Die Herrengemächer

Das untere Herrengemach im Kemenatenbau wurde 1553 durch den Grafen Heinrich zu Ysenburg-Büdingen errichtet. Die floralen Ornamente sind an Schönheit nicht zu übertreffen. Der Maler Echardo Sanßdorffer aus Gelnhausen, ein Spezialist für Tiermalerei, der auch als Wilddieb bekannt war, hat diesen Erker 1576 ausgemalt. Schon 1616 wurde er mit Kalkfarbe überstrichen und der Schlussstein im Kreuzgewölbe mit Lehm überzogen. Erst 2006 wurde durch den Restaurator Adrian Neuss das bemalte Relief des Schlusssteines in den original heraldischen Farben freigelegt. Die Symbolik dieser bunten Wappengestaltung bedarf noch der genauen heraldischen Deutung. Sicher ist jedoch, dass hier die Wappen von Wolfgang von Ysenburg-Ronneburg und seiner Ehefrau Johanna von Hanau-Lichtenau vereint wurden. Der Hardecksche Löwe auf blauem Herzschild weist auf die Abstammung des Grafen Wolfgang hin (siehe S. 127).

Das mittlere Herrengemach wurde von Elisabeth von Gleichen-Tonna, der Gemahlin des Grafen Heinrich zu Ysenburg-Büdingen-Ronneburg, bewohnt. Sie war überzeugte Anhängerin des lutherischen Glaubens, was sich in den Wandfresken mit den alttestamentarischen Motiven zeigt, die 1576 von Erchardo Sanßdorffer gemalt wurden.[5]
Im Zwickel über der Fensterreihe sieht man König Salomo, wie er das Urteil über die beiden Mütter fällt. Die Devise des Friedensfürsten lautete: FRID IST BESSER DENN KRIEG DIWEIL UNGEWISS IST DER SIG – daran hat sich bis heute nichts geändert!
Eine weitere Szene zeigt Kain, der seinen Bruder Abel mit einem Knochen erschlägt.

Die Ronneburg als Freistätte des Glaubens

Eine Erinnerung an die deutsche Heimat und die Übersiedlung nach Amerika. Von der Ronneburg und den Wohnorten in Marienborn, auf dem Herrnhaag, im Kloster Engelthal und in Arnsburg brachen die Inspirierten 1842 auf, um auf der anderen Seite des großen Meeres ein neues Leben zu beginnen. Stich von Joseph Prestele, der noch heute in Amana erhältlich ist.

Inspirierte auf der Ronneburg

Durch den Dreißigjährigen Krieg und durch die Hexenverfolgungen hatte das Ronneburger-Büdinger Land makabre Rekorde an Bevölkerungsverlusten zu verzeichnen. Deshalb erließ Graf Ernst Casimir I. zu Ysenburg-Büdingen 1712 ein Toleranzedikt mit dem Ziel, Glaubensflüchtlinge ins Land zu bringen, die handwerkliches Geschick mitbringen sollten. Durch die Verbindung von Toleranz und Ökonomie sollte ein neuer wirtschaftlicher Aufschwung eingeleitet werden, was teilweise auch gelang.

Zu den Glaubensflüchtlingen, die auf der Ronneburg und in der Grafschaft Zuflucht fanden, gehörten auch die »Inspirierten« oder »Separatisten«. Separatisten wurden sie genannt, weil sie sich von der offiziellen Kirche separat hielten. Die Mitglieder der »Gemeinde der wahrhaft Inspirierten« glaubten, dass Gott mit ihnen durch ein »inspiriertes Individuum«, ein so genanntes »Werkzeug«, kommunizieren würde. Eberhard Ludwig Gruber und Johann Friedrich Rock – beide aus dem Württembergischen – waren solche »Werkzeuge«. Es muss sich eine starke Inspirationsbewegung vollzogen haben. Am 16. November 1714 wurde die erste Gebetsversammlung in Himbach abgehalten. Es bildeten sich Filialen in Eckartshausen, Hüttengesäß, Marienborn, Neuwiedermuß und Lieblos. Auch auf der Ronneburg wuchs eine starke inspirierte Gemeinde unter der Führung von Philipp Mörschel heran. Er war zugleich Weber und Tuchmacher und betrieb im Rittersaal der Ronneburg eine Spinnerei.[6]

Auf die Dauer waren die räumlichen Verhältnisse auf der Ronneburg jedoch sehr beengt. Dazu kam eine große Dürre. Dem »Werkzeug« Christian Metz wurde (1842) durch eine Inspiration offenbart, dass er die Inspirierten-Gemeinden aus allen Dörfern rund um die Ronneburg nach Amerika führen solle. Bruder Wilhelm Mörschel begleitete die für die große Seereise Auserwählten von der Ronneburg nach Bremerhaven. Nach einer 38-tägigen Schifffahrt traf die Vorausgruppe mit Christian Metz, Wilhelm Noe, Georg Weber und Gottlieb Ackermann am 26. Oktober 1842 in der Bay von New York ein und begab sich nach Quarantäne auf Landsuche. Nach langwierigen Verhandlungen mit der Seneca-Indian-Reservation erwarben sie 5000 acres Land in der Nähe von Buffalo für 10 Dollar pro acre (ein acre ist ungefähr ein Morgen). In den ersten drei Folgejahren konnten die meisten anderen Inspirierten nachkommen. Es waren etwa 800 Personen. Sie bauten fünf landwirtschaftliche Siedlungen auf, die sie »Ebenezer« nannten, was bedeutet: »Bis hierher hat uns der Herr geholfen«.

Der kolorierte Stich von Joseph Prestele mit dem Segelschiff illustriert die Auswanderung der Inspirierten von den bisherigen Wohnorten Ronneburg, Marienborn, Herrnhaag, Engelthal und Arnsburg über Bremerhaven und zeigt am Fuß die fünf neu erbauten Dörfer von Ebenezer. Jedes Dorf besaß eine Bäckerei, eine Fleischerei, eine Schule, eine Sägemühle, eine Kornmühle, eine Spinnerei, eine Weberei und ein Gemeinschaftshaus zur Gebetsversammlung. Die Leitung der Dörfer wurde durch eine eigene Konstitution gebildet, deren Präsident Christian Metz war. Die Satzung legte fest, dass nur Kleidung und Hausrat Privateigentum darstellte, alles andere, Land, Häuser, Geräte, war Gemeineigentum. Auf Grund des zunehmenden Wachstums und der ständig wachsenden Anhängerschaft musste neues Land gesucht und gekauft werden. Erst zwölf Jahre später, 1855, hatten sie am Iowa-River das Glück, von den Tanawanda-Indianern ein fruchtbares Land von 26 000 Morgen kaufen zu können. Wiederum gab Gott durch sein »Werkzeug« Christian Metz der Siedlung einen biblischen Namen – Amana, was so viel bedeutet wie »Bleibtreu«.

Durch Fleiß und Tüchtigkeit entwickelte sich bald eine vollstufige Textilproduktion von der Wolle über die Spinnerei zur Weberei und Indigofärberei. Zu den gemeindeeigenen Unternehmen gehörten auch Getreidemühlen, eine Möbelfabrik, eine Druckerei, ein Schlachthaus mit Wurstfabrik, mehrere Bäckereien und Apotheken und eine Brauerei. Auch Industrie entwickelte sich in Amana. Größter Arbeitgeber ist heute die Amana Refrigeration Inc., die Mikrowellen, Kühlschränke und Klimaanlagen herstellt.

Die Amanas haben es auch gut verstanden, den Fremdenverkehr zu fördern. Tausende von Besuchern aus den USA und Deutschland kommen jährlich nach Amana, um Schwartenmagen, Schwarzwälder Schinken und andere Spezialitäten nach Rezepten aus der alten Heimat zu kaufen. Es gibt dort auch sehr gute Restaurants mit deutscher Speisekarte: »The Ronneburg Restaurant« bietet Sauerbraten und Maultaschen an. Man muss sich auch nicht wundern, wenn man beim Eintreten in das Restaurant mit »Grüß Gott« oder »Ei Guude, wie« begrüßt wird.

Die Familie Trumbold aus Amana zu Besuch in Ronneburg mit ihren deutschen Gastgebern, der Familie Sommer und Mitgliedern des Geschichts- und Heimatvereins Ronneburg, 2004

The Ronneburg

Haupt Speisen

ENTREES

ALL RONNEBURG DINNERS
ARE SERVED WITH THE FOLLOWING:

White Rolls Rye Rolls
Salad with Our Famous German Sour Cream Dressing
German Style Cottage Cheese
Potatoes - Gravy - Vegetables - Sauerkraut
Coffee, Tea, or Milk
POP IS $ .50 EXTRA

Sauerbraten with Potato Dumplings (our speciality) . . . 8.75
Choice sirloin, roasted to a juicy goodness, then sliced and marinated for several days in a delicious sauce made with Amana wines and a special blend of spices. This is complimented with a serving of potato dumplings, a combination you will find most "schmackhaft."

Wiener Schnitzel with Spaetzle 7.50
A tender cutlet of veal, breaded and fried to well done perfection served with spaetzle, a dish similar in taste to noodles but quite different in texture. Ours are fluffy and

»A combination you will find most »schmackhaft«.

Auszug aus der Speisekarte des »The Ronneburg Restaurant« in den Amana Colonies und ein Blick auf das »typisch deutsche« Speiseangebot in Bill Zuber's Dugout Restaurant in Homestead, Iowa.

Die Ronneburg mit einer Gruppe ihrer jüdischen Bewohner als Staffage. Gouache eines unbekannten Künstlers, 1. Hälfte des 19. Jahrhunderts, im Schlossarchiv Büdingen

Juden auf der Ronneburg

Auch Menschen jüdischen Glaubens fanden unter dem Toleranzedikt von Graf Ernst Casimir I. zu Ysenburg-Büdingen auf der Ronneburg einen sicheren Ort. Sie belegten mit ihren Familien den größten Teil der Räume. Zusätzlich wurden Hütten außen an den Burgmauern errichtet. Die Juden, die selbst nicht handwerklich tätig werden durften, waren geschickt in der Beschaffung des Rohstoffes Wolle für die Handwerker der Inspiriertengemeinde und hatten großes Talent im Verkauf der fertigen Erzeugnisse in der weiteren Umgebung. Als man 1790 auf der Ronneburg über 200 Bewohner zählte, wurde ein Zuzugsverbot erteilt.

Am Fuß der Ronneburg befindet sich ein jüdischer Friedhof. Die hier begrabenen Juden haben auf der Ronneburg gewohnt. Die ersten Grabstätten wurden bereits im 18. Jahrhundert angelegt. Heute sind noch zwölf Grabsteine zu sehen. Viele Juden suchten in den Dörfern Unterkunft, so auch in Altwiedermus.

Spiel und Spaß rund um die Ronneburg

Ritterspiele

Viele Besucher kommen zu den historischen und sportlichen Veranstaltungen auf die Ronneburg. Mehrfach im Jahr finden Ritterspiele und mittelalterliche Feste statt.
Im Burgrestaurant und im Bandhaus gibt es köstliche Speisen und im Ritterkeller das Grafenmahl mit einem Vorkoster. Ein Falkner lässt die Adler für Sie kreisen. Bei »Ronneburg at night« endet der Tag mit einem prächtigen Feuerwerk, wie man hier sieht!

Hessische Meisterschaften beim Reit- und Fahrverein Ronneburg 2007 (Leitung Horst Mörschel, Ronneburg): der Vierspänner »Norweger« im Siegerdurchgang

Sport und Spaziergänge rund um die Ronneburg

Interessante Sportarten wie Ballonfahrten und Gleitschirmfliegen können bei entsprechender Wetterlage und gutem Aufwind gebucht werden. Dann geht es aus der Perspektive eines Vogels über das Ronneburger Hügelland.
Rund um die Ronneburg führen schöne Spaziergange zu den Teichen, wo auf Wunsch auch geangelt werden kann: am Hasselweiher, Richtung Mittelgründau, oder am Günter-Vogler-Teich nahe Hüttengesäß bei der Vogelschutzhütte. Dass man dabei an neugierigen Kühen vorbeikommt, wird der Wanderer schon ertragen müssen. Reinrassige Charolais aus Frankreich schauen Sie an (siehe S. 47).
Auch für den Reitsport gibt es viele Möglichkeiten: Freizeitreiten und Dressurreiten bei den Ronneburger Reitvereinen, im Tannenhof oder am Rötelberg. Im Gasthaus Zur Schönen Aussicht in Hüttengesäß können die Pferde zur Kutschenfahrt durchs Ronneburger Hügelland eingespannt werden. Im Bild: Hessische Meisterschaften beim Reit- und Fahrverein Ronneburg 2007 (Leitung Horst Mörschel, Ronneburg), der Vierspänner »Norweger« im Siegerdurchgang.

Der Ronneburger Hof

Im Ronneburger Hof, einem ehemaligen Viehhof unterhalb der Ronneburg, wohnen heute Privatleute. In der 1853 errichteten Fachwerkscheune agiert die gut besuchte Kleinkunstbühne Gackeleia mit Kabarett, Comedy, Musical und Theater. Sie ist in Anlehnung an das Kunstmärchen »Gockel, Hinkel und Gackelaia« von Clemens Brentano benannt. Sonntags ist hier ein Café geöffnet, außerdem werden Kunstausstellungen gezeigt.

Charolais und Pferde genießen die Weiden rund um die Ronneburg.

Ein Gottesacker an der Ronneburg

Unterhalb der Ronneburg, verborgen unter alten Bäumen, befindet sich ein kleiner Friedhof. Dieser wurde von Domänenrat Koch, der den Ronneburger Hof bewirtschaftete, im 19. Jahrhundert für seine Familie angelegt. Für die Grabpflege sorgt ein Nachkomme, der ein Einsitzrecht im Ronneburger Hof hat.

Viele Mühlen klapperten dereinst im Fallbachtal und im Gründautal

Das Fallbachtal vom Baumwieserberg aus gesehen. Im Vordergrund sieht man Hüttengesäß, rechts Neuwiedermuß am Fuße der Ronneburg.

Noch heute künden am Fallbach zahlreiche ehemalige Mühlengebäude von dem einst prosperierenden Gewerbe der Müller in dieser fruchtbaren Hügellandschaft. Es bietet sich eine schöne Wanderung entlang des Fallbaches an.

Eine der vielen Mühlen, die dereinst im Fallbachtal klapperten, ist die so genannte Ditzelmühle in Neuwiedermuß, direkt unterhalb der Ronneburg. Die Grundmauern und Mühlsteine sind heute noch zu sehen. Über 300 Jahre rauschte dort am Fallbach ein oberschlächtiges Wasserrad. 1694 hatte der »Unterthan Stoffel Bauer zu Hüttengesäß« bei der Isenburgischen Regierung in Offenbach den Antrag gestellt, auf dem Gelände seines Schwiegervaters eine Mühle zu setzen. Über den Müller Heinrich Rauch und Tochtermann Balthasar Ross hat Müller Heinrich Ditzel (1714 bis 1772) die Mühle in der Familientradition weitergeführt. Seit dieser Zeit ist der Name Ditzelmühle geläufig. Letzter Müller war Johann Heinrich Ditzel (1840 bis 1921).

Auch Hüttengesäß hatte eine Mühle im Mühlengrund – die so genannte »Kleine-Mühle«. Die Müllersleute waren hier 1692 eine Familie Jost Orth, dann ein Müller Rieb, ab 1735 Familie Johann Heinrich Klein. Manche Namen existieren heute noch im Dorf. Die Hüttengesäßer Mühle wurde um 1800 stillgelegt.

Am Bruderdiebacher Hof ist noch das Wasserrad zu sehen. In kurzem Abstand, Fallbach abwärts, folgen weitere Mühlen vor Ravolzhausen (Blinkenmühle) und vor Langendiebach (Untermühle), bis der Fallbach bei Hanau in die Kinzig mündet.

Im benachbarten Gründautal finden Sie die Geisfurtmühle.

Gut erhalten ist die historische Obermühle vor Langenselbold, heute auch Veranstaltungsort für Familienfeste und Konzerte.

Ditzelmühle - Kleine Mühle - Blinkenmühle - Untermühle - Geisfurtmühle - Obermühle

Ronneburg und Ditzelmühle im 19. Jahrhundert in einem Stich von J. Thomas

Oben: Der Heimatvertriebene Ernst 1945 mit Pferden vor Ronneburg und Ditzelmühle, daneben der letzte Müller, Johann Heinrich Ditzel (1840 bis 1921)
Unten: Die Einfahrt zur Ditzelmühle. Rechts ist die Schmiede zu sehen, die heute noch erhalten ist. Ein Grenzstein von 1844 ist ins Sockelmauerwerk eingesetzt worden.

Baumwieserhof

Der Baumwieserhof zählt zu den ältesten landwirtschaftlichen Gutshöfen im Ronneburger Hügelland. Die Baugeschichte dieses Gutshofes beginnt im 13. Jahrhundert, als Prämonstratensermönche vom Kloster Selbold den Bau von drei Gutshöfen (Bruderdiebacherhof, Baumwieserhof, Lindenloherhof) veranlassten. Auch wird ein Forstmeister namens Erpho genannt; er bezeugt 1264 den Verkauf des Hofes Bennerwiesen (der frühere Name vom Baumwieserhof) an den Ritter Blümichen. Zur Zeit der Reformation gingen die Höfe in den Besitz des Hauses Ysenburg in Birstein über. Im Zuge der Bodenreform nach dem Zweiten Weltkrieg musste der Fürst in Birstein den Baumwieserhof abgeben, konnte aber die beiden anderen Höfe vollständig behalten. Die 170 Hektar große Ackerfläche des Baumwieserhofes wurde unter sieben Bauern, die aus dem Sudetenland und aus Schlesien vertrieben worden waren, zu je 16 Hektar aufgeteilt. Das restliche Ackerland erhielt der Odenwälder Landwirt Paul Butz. Bis heute befindet sich dieser Hof in Familienbesitz.

Bruderdiebacher Hof

Der Blick vom historischen Bruderdiebacher Hof zur modernen Frankfurter Skyline mit den über 150 Meter hohen Wolkenkratzern aus bietet eine Zeitachse von 900 Jahren: Das Hofgut des ehemaligen Prämonstratenserklosters Langenselbold wurde 1297 gegründet. Als das Kloster nach der Reformation 1543 aufgelöst wurde, ging der Hof an das Haus Ysenburg-Büdingen-Meerholz über. Heute wird der Bruderdiebacher Hof privat bewirtschaftet.

Die aufgelassene Mühle des Bruderdiebacher Hofes am Fallbach, hessisch: »die Bach«

Das Hauptgebäude der Bruderdiebacher Hofmühle wurde 1871 von Friedrich Clauss und Wilhelm Koch erbaut (wie der Türsturz verrät), nachdem ein Brand das Vorgängergebäude zerstört hatte.

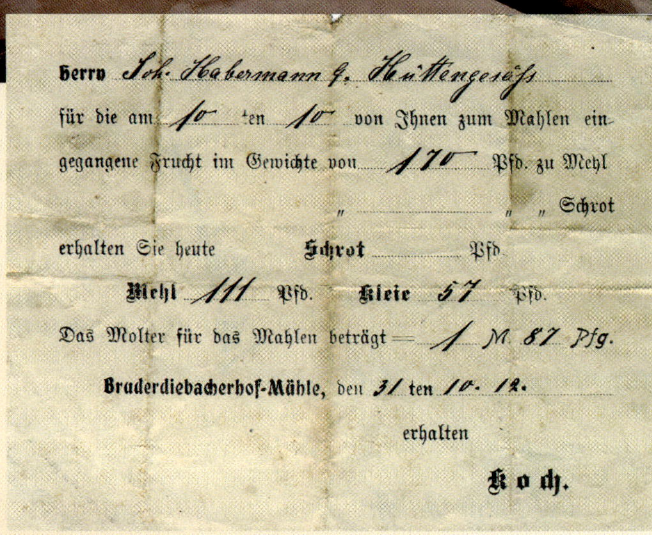

Herrn Joh. Habermann I. Hüttengesäß

für die am 10 ten 10 von Ihnen zum Mahlen ein-
gegangene Frucht im Gewichte von 170 Pfd. zu Mehl
" " Schrot
erhalten Sie heute Schrot Pfd.
Mehl 111 Pfd. Kleie 57 Pfd.
Das Molter für das Mahlen beträgt = 1 M. 87 Pfg.
Bruderdiebacherhof-Mühle, den 31 ten 10. 12.
erhalten
Koch.

Blick in die Bruderdiebacher Mühle heute, eine »alte Rechnung« von 1912 und das alte oberschlächtige Mühlrad, das 1871 zuletzt erneuert wurde.

Ganz in der Nähe des Hofes, auf der gegenüberliegenden Straßenseite, liegt die Bruderdiebacher Mühle. Bereits im 15. Jahrhundert ging die vom Fallbach angetriebene Mühle an das Haus Ysenburg.

1750 war ein Müller namens Johann Georg Eyring im Bruderdiebacherhof ansässig, wie eine Inschrift auf dem Torbalken der Scheune verrät. Ihm folgten die Müllersleute Uffelmann, Clauss und später Koch. Neben der Mahlmühle wurde auch eine Ölmühle betrieben. Außerdem gab es eine Konzession zur Branntweinherstellung.

Dorfansichten

Blick vom jungen Wald nach Hüttengesäß

Hüttengesäß

Hüttengesäß (Hittengesesse, Hithengeseze, Hittengeseze) wird erstmals in einer Urkunde vom 26. Mai 1151 erwähnt, wonach Erzbischof Heinrich von Mainz das Kloster Selbold mit seinen Besitzungen, darunter auch »Hittengesesse«, unter seinen Schutz stellt. Das Dorf liegt zu Fuß eine Dreiviertelstunde nördlich vom Kloster Selbold im Tal der Fallbach und besteht sicher schon lange vor der urkundlichen Erwähnung, also in der Zeit der fränkischen Besiedlung um 800 nach Christus. 1236 wird in einer weiteren Urkunde von Kaiser Friedrich II. erwähnt, dass Hüttengesäß (Hittengesezze) und Neuwiedermuß (Witteramis) zum Klosterbesitz Langenselbold gehören. Auf Basis dieses Dokumentes feierte Ronneburg 1986 die 750-Jahr-Feier.

Hüttengesäß mit dem Spessart im Hintergrund

Der Kirchturm war 1921 nach einem Blitzeinschlag im oberen Teil abgebrannt. Für seine Wiedererrichtung mussten die Hüttengesäßer Bürger Geld »sammeln« und sogar Eier und Gemüse in Hanau auf dem Wochenmarkt verkaufen.

Die evangelische Kirche

Die evangelische Kirche in Hüttengesäß ist der Mittelpunkt des kleinen Ortes. Sie gründet auf einer kleinen Kapelle mit Wehrturm, die von den Mönchen des Klosters Selbold auf einem Hügel erbaut wurde, urkundlich erwähnt erstmals 1151. Als nach der Reformation das Kloster Langenselbold 1543 aufgelöst wurde, übernahm einer der letzten Klosterbrüder, Konrad Höhn, die erste evangelische Pfarrstelle in Langenselbold und hatte auf Anordnung des Grafen Anton von Ysenburg-Büdingen auch die Gemeinde Hüttengesäß zu betreuen. 1597 wurde Hüttengesäß zur selbständigen Pfarrei erhoben.[8] Diese Jahreszahl ist noch heute über dem Renaissance-Portal zu lesen.

Ihr erster eigener Pfarrer war Valentin Winterstein, der gleichzeitig Hofprediger auf der Ronneburg war und auch Diebach am Haag und Altwiedermus zu betreuen hatte.

Das Kirchengebäude wurde 1718 um das Doppelte nach Osten erweitert. Am 26. August 1788 wurde die schmiedeeiserne Spitze mit dem vergoldeten Wetterhahn am Kirchweihmontag auf den veränderten, nun barocken Turmaufbau gesetzt.

Um das Gotteshaus herum gab es ein weites Gelände, das mit einer hohen Mauer umgeben war und das den Namen Kirchhof führte. Hier wurden die Verstorbenen seit 1597 begraben. Bis 1902 beerdigte man hier auch die Toten aus Neuwiedermuß. Sie wurden über den heute noch so genannten Kirchweg nach Hüttengesäß gebracht.

Im Jahr 1924 entstand eine neue Begräbnisstätte, die als Friedhof bezeichnet wurde. 1966 wurde der Kirchhof aufgelassen und ein neues Pfarrhaus und ein Kinderspielplatz darauf errichtet.[7]

Die Hüttengesäßer Kirche mit dem alten Kirchhof, der von 1597 bis 1966 bestand. An der Nordseite des Kirchturms war das Glockenseil angebracht. Dort wurde auch der Feuerwehrschlauch zum Trocknen aufgehängt (Foto 1925).

Blick ins Innere der reformierten Kirche im Februar 2007. 1953 wurde das Kirchenschiff umgebaut. Die Orgel wurde auf die Westseite verlagert.

Die Kirchentür mit dem Renaissanceportal und der Jahreszahl 1597. Der Landeskonservator Dr. Ludwig Bickell machte diese Aufnahme 1895, als er durch Kurhessen reiste und hessische Dörfer und Städte fotografierte. Nach Hüttengesäß zog es ihn vor allem wegen des keltischen Rätselsteins (rechte Seite). Gernot, der vierjährige Sohn des Pfarrers Wilhelm Bohlender, versuchte, seine Mutter in der Kirche zu besuchen, als sie gerade Orgel spielte. Er kämpfte vergeblich mit der hohen Türklinke und setzte sich dann auf die Stufen. Später machte ihm der Vater die Tür auf, nachdem diese beiden Bilder »im Kasten« waren. Dies geschah 1935.

Die Kirche in Hüttengesäß. Links ein digital bearbeiteter Postkartenausschnitt von 1904, rechts eine Aufnahme aus dem Jahr 2007. Unten der möglicherweise keltische Rätselstein im Kirchenmauerwerk. Herkunft und Bedeutung sind unbekannt.

Die Langstraße

Blick in die Langstraße, die bis um 1900 »Stracke Gasse« genannt wurde. Im Anwesen der Familie Grasmück (rechts) war früher die Sonntagsschule untergebracht, später die Wagnerei Kromm.
Das Schwarzweißfoto nahm Pfarrer Wilhelm Bohlender 1932 auf..

Das stolze Wohnhaus des Gemeindeältesten Johannes Erdt (zuvor das Wohnhaus des Hüttengesäßer Schullehrers Heinrich Lehr) in einer Aufnahme von Pfarrer Wilhelm Bohlender um 1934. Es wurde 1835 errichtet, die Scheune der Hofreite bereits 1830.

Blick in die mittlere Langstraße. Wegen des hohen Grundwassers haben die Gebäude in der Langstraße selten einen Keller. Bis zu Beginn des 20. Jahrhunderts lief ein kleines Bächlein – die Weed – offen in einem Graben durch die Straße. Weed ist ein altdeutscher Begriff für Tränke oder Pferdetränke. Rechts das Anwesen »Heckmann's« von 1868.

Das ehemalige Wohngebäude der Familie Grasmück in der Hüttengesäßer Langstraße 24 gehört zu den ältesten Gebäuden im Ort, erbaut vor 1780. Von 1867 bis 1914 wurde darin die evangelische Sonntagsschule von Hüttengesäß abgehalten.

Das Alte Pfarrhaus mit Pfarrgarten von Hüttengesäß
Details: Ein verzierter Eckbalken, der schmucke Barockbrunnen (1715) und das in Holz geschnitzte Lutherwort »Ein feste Burg ist unser Gott« am überdachten Eingang

Die beiden geschnitzten Kreuze darüber dienen auch als Sonnenuhr. Um Punkt 12 scheint die Sonne durch sie hindurch.

Das Alte Pfarrhaus mit dem Barockbrunnen

Das Fundament des Alten Pfarrhauses stammt aus dem Jahr 1576. Drei Jahre später wurde es erstmals von Pfarrer Valentin Winterstein bezogen. Der Pfarrer, der auch Hofprediger auf der Ronneburg war, hatte hier Schule zu halten. 1808 baute die Gemeinde auf dem alten Fundament einen Neubau. 1905 wurde das Pfarrhaus durch einen seitlichen Anbau mit Erker erweitert. Pfarrer Waldemar Falkenhagen und seine Familie waren von 1948 bis 1974 die letzten ständigen Bewohner des Pfarrhauses. Seit 1977 befindet sich das heute denkmalgeschützte Haus in Privatbesitz. Umfangreiche Sanierungsarbeiten erfolgten in den Jahren 1978 und 2005.
Das Pfarrhaus gehört zu den ältesten und schönsten Gebäuden in Hüttengesäß, besonders schön sind die Zimmermannsarbeiten am Fachwerk. Im ehemaligen Pfarrgarten befindet sich der ebenfalls renovierte Barockbrunnen, der in seiner hübschen Schmucklünette als Baumeister Philleps Haberman angibt. Er stammt aus dem Jahr 1715.

PHILLEPS
HABERMAN
BAUMEISTER
1 7 15

Die Langstraße in einem kolorierten Druck des Jahres 1904. Die schmucken Fachwerkhäuser – links vorne das Gasthaus Zur Krone – sind noch heute großteils erhalten.

Das Gasthaus Zur Krone – einst und heute (von Küchenmeister Reiner Erdt)

Vom Barockbrunnen im Pfarrgarten führt die Langstraße, die – 1904 genauso wie heute – zu beiden Seiten schöne Ansichten mit gepflegten alten Fachwerkhäusern und Hofreiten von um 1700 bietet, zum historischen Gasthaus Zur Krone. Das Gasthaus wurde um 1780 von Konrad Zinkhan gegründet. Zu der Zeit war die »Krone« nicht mehr als ein kleiner Bauernhof am Ortsrand von Hüttengesäß. In der guten Stube des Hauses wurde Bier, selbst gekelterter Apfelwein, Wein und hausgebrannter Branntwein ausgeschenkt. Bier und Apfelwein lagerten in einem tiefen Naturkeller, der heute noch vorhanden ist, und wurden in große Bembel gezapft. Aus einem neun Meter tiefen Brunnen, den man im Gastraum besichtigen kann, wurde das Wasser geschöpft. Neben der Küche war das Doktorstübchen. Hier hielt der Dorfarzt einmal in der Woche seine Sprechstunde.

1897 übernahm der Schwager des Wirts, Johann Heinrich Reidel, das Gasthaus. Er baute den Saal zum Tanzsaal aus. Dieser wurde sowohl von den Turnern als auch von den Sängern genutzt. Es wurde eine Kegelbahn eingerichtet, und als 1897 die Bahnlinie Hanau–Hüttengesäß eröffnet wurde, veranstaltete man in der »Krone« ein großes Fest. Mit den Sonntagsausflüglern kam weiterer Aufschwung in die Gastronomie.

1904 wurde in der »Krone« der erste Strom installiert, nachdem der Gemeinderat ein Jahr zuvor die Installation von Elektrizität als Teufelszeug und Humbug abgelehnt hat. Die Leute kamen anfangs nur wegen der Lampen ins Gasthaus, die sie an einem Schalter ein- und ausdrehen konnten. Die politische Obrigkeit brachte dem Wirt 1906 auch einigen Ärger ein: Da er sein Lokal als sozialdemokratisch ansah, verwehrte er den kaiserlichen Soldaten den Zutritt. Dies kostete ihn 400 Mark Strafe, den Wert von zwei Rindern. Nach dem Ersten Weltkrieg übernahm der Schwiegersohn Georg Erdt das älteste Gasthaus der Gemeinde Ronneburg. Er erweiterte den Gasthausbetrieb durch eine Metzgerei und einen Kinosaal.

Heute ist das Gasthaus Zur Krone ein modern geführter Familienbetrieb, mittlerweile in der achten Generation. Das Drei-Sterne-Hotel ist modern ausgestattet, der Landgasthof in der Region bekannt für seine original hessischen Spezialitäten.

Gasthaus Zur Krone im Winter 2005

Frankfurter Fahrradausflug 1936. Im Türrahmen Wirtin Elisabeth Erdt, geb. Reidel, die Zinkhan's Bette genannt wurde, rechts ihr Sohn Otto. Bernhardiner Barry wollte natürlich auch mit aufs Bild.
Im rechten Doppelfenster war das »Doktorstübchen« untergebracht, wo die Ärzte Dr. Schüler, Dr. Becker und später Dr. Trin ihre »Sprechstunde« hielten. Coca-Cola hatte sich seit den Olympischen Spielen 1936 in Berlin deutschlandweit durchgesetzt, so auch in Hüttengesäß. Das Nicolaybier kam aus Hanau.

Bildpostkarte um 1900 mit Hüttengesäß vom Baumwieser Berg aus gesehen, das Gasthaus Zur Krone (damaliger Besitzer Heinrich Reidel, vorher Zinkhan) und die Pferdehandlung Bender in der Langgasse 5.

Der Brunnen im Gasthaus ist eine Besonderheit, denn früher befanden sich die Brunnen auf den Dörfern generell im Hof, außerhalb der Gebäude. Die Stube der »Krone« wurde somit auf einem vorhandenen, neun Meter tiefen Brunnen errichtet. Auf seinem Grund trifft man auf eine zähe Lehmschicht. Die Steine sind als Trockenmauerwerk lose eingesetzt, ganz unten ruhen sie auf einem Fundament aus Eichenbalken.

Alte Hofreiten

Das »Steffes« ist ein stolzes Fachwerkhaus mit französischem Mansarddach. Die Hofreite mit eigenem Brunnen war zeitweise auch Gastwirtschaft. Das »Steffes« trägt mehr Geschichte in sich, als man auf den ersten Blick vermuten mag. Es wurde bereits um 1725 als »Hüttengesäßer Wirtschaft« verpachtet, zunächst an Johannes Habermann, später an Heinrich Habermann. Ein weiterer Wirt bekam eine Konzession zum Bierbrauen und Branntweinbrennen. Ein alter Gewölbekeller im Hinterhof trägt die Inschrift 1761. Das große Hauptgebäude weist keine Jahreszahl auf. Ein Rätsel ist ein eingemauerter Stein mit einem Kreuz darauf. Er befindet sich traufseitig am Gebäude in der Kreuzstraße. Auch der Baustil mit dem Mansarddach ist für Hüttengesäß ungewöhnlich, was eine alte Anekdote bekräftigt, die besagt, dass das Gebäude einst in einem anderen Landesteil abgeschlagen und hier wieder aufgebaut worden sei.

Ein rätselhafter Stein im Mauerwerk

Die Hofreite »Scholdes« ist nach der ehemaligen Bewohnerfamilie des Schultheis Zieg, später Neidhardt, benannt. Das schöne Eichenfachwerk mit geschnitzten Eckpfosten stammt aus der Zeit um 1820. Das Gebäude wurde vom gleichen Zimmermann errichtet wie die Gebäude Kirchstraße 20, Kirchstraße 25 und Langstraße 35. Das Torhaus im Vordergrund trägt die Inschrift »Diesen Bau hat erbaut Schultheis Philipp Zieg und seine Ehefrau Ana Maria gebohrene Bender Anno 1833«. Das Foto oben wurde im Jahr 1912 aufgenommen, die untere Aufnahme stammt aus dem Jahr 2006.

Der barocke Torpfosten gehört zum Anwesen Langstraße 20, früher Reichhardt, mit Hausnamen »Veldes Hannes«. In seiner Bauart steht er im Dorf solitär.

Die Hofreite Reuter, früher Gasthaus Habermann (Habermann war ein sehr häufiger Familienname in Hüttengesäß), befindet sich in der Langstraße 1. Sie wurde 1818 erbaut und ist eine der letzten ursprünglichen Hofreiten, die heute noch als Bauernhof geführt werden. Der spätere Gastwirt Johannes Heinrich Reidel von der »Krone« wurde in diesem Haus geboren.
Im alten Mauerwerk der Umfriedung der Hofreite befindet sich ein besonderer Sandstein mit der Inschrift HVE und der Jahreszahl 1568. Was in diesem Jahr hier genau passierte oder gebaut wurde, welchem Bauherrn dieser Stein diente – wir wissen es nicht. Es kann sich auch um einen Grenzstein handeln, denn das HVE steht für Hüttengesäß.

Das Anwesen Habermann in der Schulstraße, erbaut 1861

Giebelseite der Patzer-Scheune, Kirchstraße 20, früher »Kirchehannesse« genannt. Hier kann man erkennen, wie aus Flechtwerk, Lehm und Holzbalken Fachwerk entsteht.

Ein Bahnhof in Ronneburg-Hüttengesäß

Bahnhof Hüttengesäß im Sommer 2007 (oben) und 1904 (Ausschnitt einer Bildpostkarte). Stempel der Bahnpost, hier von 1908, sind begehrte Sammlerobjekte.

Tatsächlich, wenn wir von Hüttengesäß in Richtung Neuwiedermuß gehen, sehen wir einen schönen Klinkerbau, den ehemaligen Bahnhof Hüttengesäß. Am 1. Oktober 1896 rollten die ersten Züge der Hanauer Kleinbahn auf der 15 Kilometer langen Strecke vom

Hanauer Kleinbahnhof (Alte Milchzentrale, Nähe Nordbahnhof) über die Weiche Rückingen, Langendiebach, Ravolzhausen, Bruderdiebacher Hof zur Endstation Hüttengesäß. Am Bruderdiebacher Hof kann man noch heute den Bahndamm für den einspurigen Pendelverkehr sehen. Eine weitere Strecke führte ab der Weiche Rückingen nach Langenselbold. Hüttengesäß war der Endbahnhof mit Lokschuppen. Zeitweise waren hier auch eine Gaststätte und die Poststation eingerichtet.
Die Bahn sollte bis ins Büdinger Land weitergeführt werden. Jedoch scheiterten diese Pläne aufgrund von Unstimmigkeiten innerhalb des Hauses Isenburg-Birstein. Der Ruf der Bahn war auch nicht der beste. Es wurden Verspätungen, Unsauberkeit und mangelnden Pflege der Technik beklagt. Öfter gab es Ausfälle und Störungen auf halber Strecke. Die Fahrgäste mussten dann nach Hanau zu Fuß marschieren.
Die Fahrt von Hanau nach Hüttengesäß dauerte etwa eine Stunde und kostete in der dritten Klasse 60 Pfennige, für eine Wochenkarte (12 Fahrten) musste man 2,10 Mark bezahlen. Die Nutzer der Bahn waren wochentags die Hüttengesäßer, die in den Hanauer Fabriken arbeiteten, und an Wochenenden oftmals Hanauer Bürger, die schon immer gerne Ausflüge aufs Land, im Besonderen auf die Ronneburg, unternommen hatten. Der Güterverkehr war außerdem eine wichtige Einnahmequelle. Die Mühle des Bruderdiebacher Hofes, die Ziegelei Ravolzhausen und viele andere Kleinbetriebe profitierten vom Bahnanschluss. Am 1. April 1931 wurde der Personenverkehr jedoch eingestellt und am 31. Dezember desselben Jahres auch der Güterverkehr aufgegeben.
Heute ist der Bahnhof Hüttengesäß mit seinem Lokschuppen einer der letzten Zeugen dieser vergangenen Epoche. 35 Jahre war er nur im Dienst und gibt doch der Bahnhofstraße noch heute ihren Namen. Es ist das einzige der Bahnhofsgebäude an der ehemaligen Strecke, das in seiner Struktur kaum verändert wurde. Alle Bahnhöfe waren in gleicher Bauweise – gemäß preußischer Ordnung – gebaut worden. Auf dem ehemaligen Bahndamm führt heute ein schöner Radweg durch das Fallbachtal.

Quetschen und ein heißer Ofen sind die wichtigsten Zutaten für die Latwerge.

Das Latwergefest

»Runderum unn middedursch kimmt mer uff die Ronnebursch!«

Mit diesem Sinnspruch wird der Rührtakt vorgegeben, in dem aus 120 Kilogramm Quetschen (hochdeutsch: Zwetschgen) in zwölfstündiger »köchelnder« Rührgeduld leckere Ronneburger »Läkmärje« hergestellt werden.
Der Geschichts- und Heimatverein Ronneburg hat sich bei den Omas schlau gemacht und die geheimnisvollen Zutaten erfahren: Zuckerrübensirup, Läckmärjebirnen und Haaregoil.
Bei guter Zwetschgenernte wird alljährlich im September ein öffentliches Latwerge-Rühren mit »rührigen Hüttengesäßer Persönlichkeiten« veranstaltet, wie man hier sehen kann.

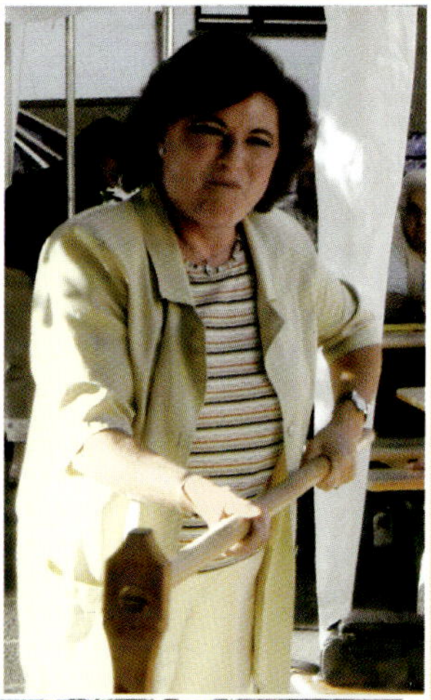

TZV
ENGESÄSS

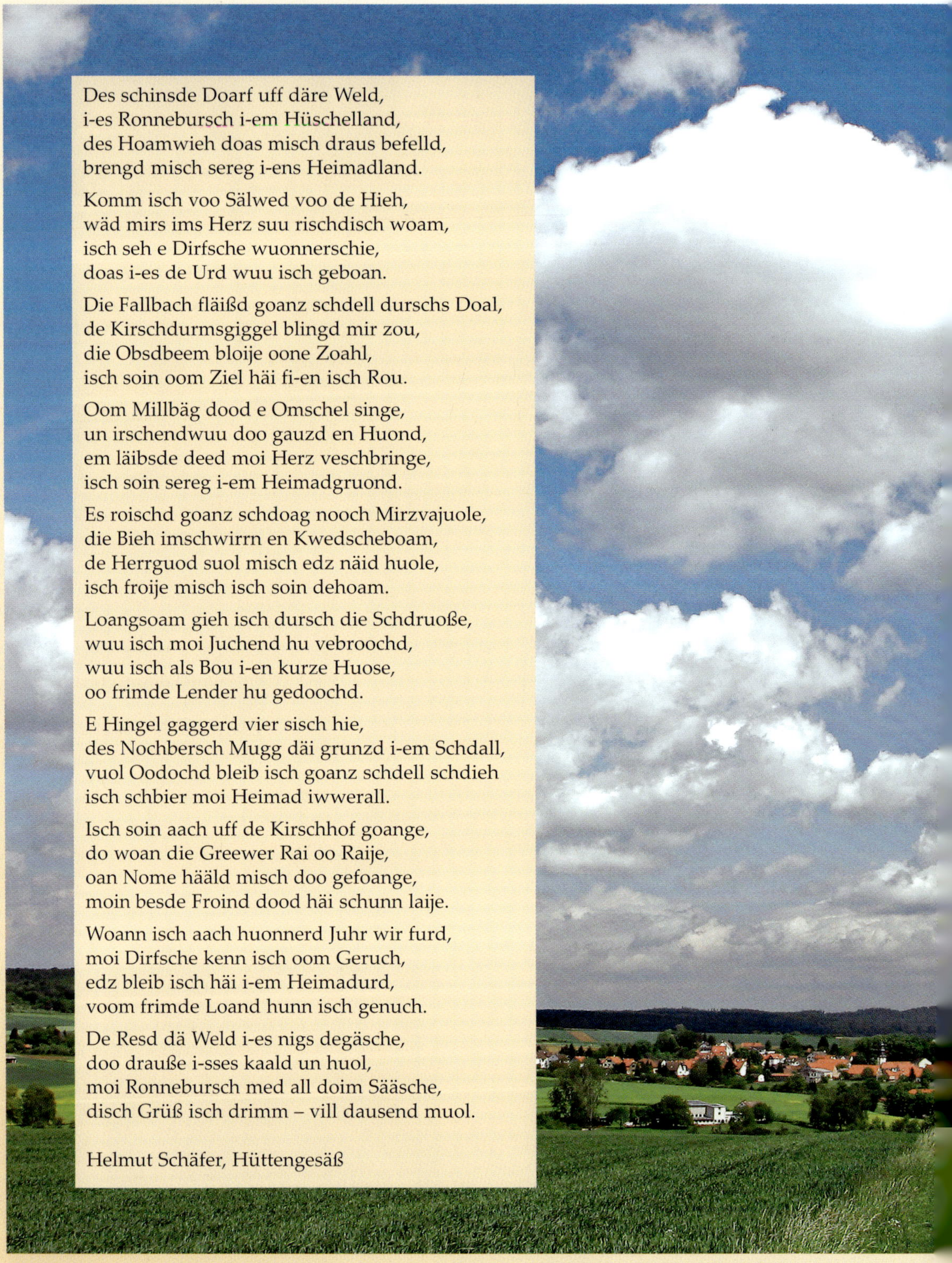

Des schinsde Doarf uff däre Weld,
i-es Ronnebursch i-em Hüschelland,
des Hoamwieh doas misch draus befelld,
brengd misch sereg i-ens Heimadland.

Komm isch voo Sälwed voo de Hieh,
wäd mirs ims Herz suu rischdisch woam,
isch seh e Dirfsche wuonnerschie,
doas i-es de Urd wuu isch geboan.

Die Fallbach fläißd goanz schdell durschs Doal,
de Kirschdurmsgiggel blingd mir zou,
die Obsdbeem bloije oone Zoahl,
isch soin oom Ziel häi fi-en isch Rou.

Oom Millbäg dood e Omschel singe,
un irschendwuu doo gauzd en Huond,
em läibsde deed moi Herz veschbringe,
isch soin sereg i-em Heimadgruond.

Es roischd goanz schdoag nooch Mirzvajuole,
die Bieh imschwirrn en Kwedscheboam,
de Herrguod suol misch edz näid huole,
isch froije misch isch soin dehoam.

Loangsoam gieh isch dursch die Schdruoße,
wuu isch moi Juchend hu vebroochd,
wuu isch als Bou i-en kurze Huose,
oo frimde Lender hu gedoochd.

E Hingel gaggerd vier sisch hie,
des Nochbersch Mugg däi grunzd i-em Schdall,
vuol Oodochd bleib isch goanz schdell schdieh
isch schbier moi Heimad iwwerall.

Isch soin aach uff de Kirschhof goange,
do woan die Greewer Rai oo Raije,
oan Nome hääld misch doo gefoange,
moin besde Froind dood häi schunn laije.

Woann isch aach huonnerd Juhr wir furd,
moi Dirfsche kenn isch oom Geruch,
edz bleib isch häi i-em Heimadurd,
voom frimde Loand hunn isch genuch.

De Resd dä Weld i-es nigs degäsche,
doo drauße i-sses kaald un huol,
moi Ronnebursch med all doim Sääsche,
disch Grüß isch drimm – vill dausend muol.

Helmut Schäfer, Hüttengesäß

Heimad

»Des schinsde Doarf uff däre Weld«
Ein Gedicht in Hüttengesäßer Mundart

Altwiedermus

Die erste Besiedlung der Lösshalden am Fuß des Basaltkegels, der späteren Ronneburg, ist durch archäologische Bodenfunde aus der frühkeltischen Zeit, also zwischen 800 bis 450 vor. Christus belegt. Im Gebiet des Häuserwaldes wurden Hügelgräber gefunden. Eine Verbindung zum Rödelberg und Glauberg ist wahrscheinlich. Die ersten neuzeitlichen Bewohner stammen aus der fränkischen Zeit um 600 nach Christus, der Zeit der Dorfgründungen in dieser Landschaft.

Altwiedermus taucht erstmals als Ortsbezeichnung »Wiedermus« 1173 in einer Urkunde auf, wonach Adalgar, Probst im Kloster Selbold, Anteile des Zehnten unter anderem zu Wiedermus an das Nonnenkloster Meerholz abgibt.[8] In so fern wäre also bereits 1973 die 800-Jahrfeier fällig gewesen. Die nächste urkundliche namentliche Nennung des Ortes Wiedermus oder »Witteramis« entstammt einem Schutzbrief von Kaiser Friedrich II., der 1236 Witteramis als Selbolder Klosterbesitz bestätigt.[9] Darauf hat die Gemeinde Ronneburg im Jahre 1986 die 750-Jahrfeier ausgerichtet.

Im weiteren Geschichtsverlauf wird Altwiedermus 1489 in der Zugehörigkeit zum Gericht Eckartshausen erwähnt. Der Umfang dieses Gerichtes ist identisch mit dem Kirchspiel Eckartshausen.[10] Der Fallbach zwischen Altwiedermus und Neuwiedermuß bildete von 1844 bis 1918 die Grenze zwischen Preußen und dem Großherzogtum Hessen. Die großen Grenzsteine sind zum Teil heute noch erhalten.

Am 31. Dezember 1971 wurden durch Gesetz der Hessischen Landesregierung die ehemaligen Gemeinden Hüttengesäß und Neuwiedermuß im Kreis Hanau zusammen geschlossen, und am 1. August 1972 kam die Gemeinde Altwiedermus aus dem Kreis Büdingen dazu. Alle drei Dörfer bildeten die neue Verwaltungseinheit der Gemeinde Ronneburg.

Backsteinhaus, um 1900, in der Häuserwaldstraße mit den Initialen von Friedrich Kaufeld

Fachwerkhaus in der Diebacher Straße

An der Scheune dieses alten Fachwerkhauses in der Diebacher Straße steht zu lesen: ES ERBAUT MICH CONRATH RUTH UND SEINE HAUSFRAU BARBARA IM JAHRE CHRISTI 1781 DADO 30. MEI

Im Jahr 1860 wurde dieses Fachwerkhaus von der jüdischen Familie Adler erworben. Julius Adler betrieb hier eine Gaststätte und ein Kolonialwarengeschäft und von 1928 bis 1938 auch eine kleine Tankstelle. Man erzählt sich, dass er einer der ersten war, der ein Motorrad besaß. Bei der Probefahrt brachte er allerdings das Motorrad nicht mehr zum Stehen. So fuhr er dann so lange in seinem Hof um den Misthaufen herum, bis das Benzin alle war. – 1954 erwarben Karl und Margarete Gerlach das Haus von der Gemeinde.

Die alte Schule von Altwiedermus (das »Türmchen«) ist Ortsmittelpunkt und Dorfgemeinschaftshaus. Gelegentlich wurden hier Gottesdienste abgehalten, und der Doktor führte seine Sprechstunde durch.

Die Hofreite von Familie Kling, vormals Hohenstein, in der Diebacher Straße ist der letzte bewirtschaftete alte Bauernhof in Altwiedermus. Das Wohnhaus wurde 1838 erbaut.

Dorfromantik

Vorbildlicher Denkmalschutz in Altwiedermus. Hofreite von 1713

Das älteste erhaltene Haus in Altwiedermus

Die Hofreite wurde 1713 von »Fillip Knickel und seiner Ehefrau Anna Katarina« erbaut, so kann man auf dem Türstock lesen. Sie ist wahrscheinlich das älteste erhaltene Haus in Altwiedermus. Die starken Dimensionen des Eichenfachwerkes und die Höhe der Stockwerke lassen darauf schließen, dass die Erbauer wohlhabend waren. Die schlichte Fachwerkkonstruktion, die Krüppelwalme, die Haustürüberdachung und die Sandsteintreppe sind ortstypische Merkmale. Etwa Mitte des 19. Jahrhunderts erwarb die Familie Kling das Haus und nutzte es zusammen mit den Nebengebäuden als landwirtschaftliche Hofreite. Während des Zweiten Weltkriegs waren hier französische Kriegsgefangene und zwangsverpflichtete Polen untergebracht. Später wohnten »Ausgebombte« aus Hanau und Flüchtlingsfamilien aus dem Osten in diesem Haus. 1967 wurde das Haus von Friedrich Adrian erworben. Mehrmals war der Abriss geplant. 1982 übernahmen Klaus und Judith Adrian das Haus. Danach wurde das Fachwerkhaus in dreijähriger Sanierungsarbeit entkernt, vorwiegend in Eigenhilfe nach den Richtlinien des Denkmalschutzgesetzes erneuert und im Jahr 1985 vorbildlich fertig gestellt.

Die ehemalige Synagoge (kleines Gebäude) in Altwiedermus konnte bisher vor dem Abriss bewahrt werden. Die Fensterscheiben (1986 fotografiert) sind allerdings nicht mehr erhalten.

Die Synagoge in Altwiedermus

Die jüdische Gemeinde Altwiedermus errichtete wahrscheinlich während der Zeit der Reichsgründung 1873 eine Synagoge. Möglicherweise war sie jedoch nicht die erste in Altwiedermus. Das ergibt sich aus einem Brief des Synagogenältesten David Blumenthal aus Hüttengesäß vom 12. November 1842: »Schon seit vier Jahren bilden die Israeliten zu Hüttengesäß eine eigene Synagogen Gemeinde, derselben geht aber zur Zeit noch ein ihr eigenthümliches Schullocal, ein Local worin der Gottesdienst abgehalten wird und ein eigenes Bad ab. Ein Local für die Schule und ein solches für den Gottesdienst wurde von der Gemeinde bisher gemiethet. Für ersteres zahlt dieselbe jährlich 8 Fl. (Gulden), für letzteres 10 Fl. an Miethgeld und benutzt außerdem das Frauenbad im ½ Stunde entfernten Altwiedermus gegen eine Gebühr von 15 Kr. für das jedesmalige Benutzen des Bades und gegen eine ständige jährliche von 1 Fl. 12 Kr. für jeden, dessen Frau das Bad benutzt. Es hat deshalb schon oft der Religionslehrer Eisenfresser sich hierüber beschwert über die bisher bestehenden Locale, und seit geraumer Zeit ist bei der Gemeinde der Wunsch entstanden, sich ein Grundeigenthum zu erwerben, um eine Synagoge, ein Schullocal und ein Frauenbad zu bauen.« Daraus kann man annehmen, dass die mit fünf auf sechs Metern kleinste Synagoge in Hessen in Altwiedermus schon um 1842 bestand.
Sie war ein Ort des Gebetes und gleichzeitig »Schul«. Im Innern befand sich ein kleiner Betsaal mit mindestens zehn Männersitzplätzen. Eine Tür auf Sockelhöhe war einst der Eingang zu den Frauenplätzen. Im Keller befand sich im Boden ein rechteckiges Becken aus Naturstein, es war das Frauenbad, die Mikwe. Die sakralen Fenster mit Butzenscheiben wurden 1986 entdeckt und sind nicht mehr vorhanden. Im August 1938 wurden die jüdischen Gemeinden in Altwiedermus und Hüttengesäß im Zuge der antisemitischen Politik der Nationalsozialisten aufgelöst. Ehemalige jüdische Bewohner von Altwiedermus, die nicht rechtzeitig ausgewandert waren, starben im Konzentrationslager.

Die Geschichde voh de ganz aald Wirrermisser Feuerwihr

Otto Seibert: Die Ale Bousicher Feuerwiehr, erzählt im Altwiedermuser Dialekt von Horst Lehr

Wi-eßd ihr: iwwerall uff de Weld gebd's Schlauberjer, däi aach dann noch en Ausweesch wi-esse, wann en gewehnliche Sterbliche die Flente schunn i-ens Koan gebaaft huad. Ihr kennt jo all d's Sprischwort: Domm dirf mer soi, me muß sich nur se healfe wi-esse!
Su Kerle, uff däi doas zoutrefft, fi-end mer näid nur bei de Prominenz, naa, suu Gescheide gebd's aach bei uus! Suu en Fall, wu su en Schlauberjer dri-en vierkimmt, will eich euch mal verzehle:

Es soi jetzt schun baal 100 Juhr her, doh hat die aald Wirrermesser Feuerwihr e Generalvesammlung. No ja, die offizielle Punkte woarn schnell vergesse un mer gong zom gemietlische Daal iwwer, bei dem de Schobbe gebaaft wern. De Kommandant voh de Wihr, en Muodts-Kerl vom ahle Schruut un Korn, schaukelt schuun e bissi un doat groad e Red redde: »Männer voh de Wihr!« sääre ungefihr, »Männer voh de Wihr! Mir wolle joa näit hoffe, doaß es brennt. Oawwer wann mir e muol zom I-ensatz komme, dann, Männer voh de Wihr, wer'n mir uhser Gemoa muol weise, woas mir fier Kerle soi, was i-en uus steckt, wäi schloachkräfdisch uhs Wihr i-eß, wäi...« De Kommmandant wird pletzlisch innerbroche: »Feueralarm!!« – »Es brennt i-em Nachbardoarf Fuchsgroawe!« kreischd oaner i-en de Soal. Doa greifd sisch de Kommandant o die Bruast, wescht sich de Bierschaum vom Schnurboart un säät: »Männer voh de Wihr! Alleweil hat uus Stuann geschloure! Jetz i-es es su weit! Trinkt aus – un dann nix wäi droh! Alles ennob zom Spretzehaus! Mir musse die i-erschte ohm Brandherd soi, noch vier dene Hettegesäßer! Un woas ich noch soa wuollt: Macht schnell, es brennt! Wäi se beim Spretzehaus vesammelt woarn, merke die Männer, doaß se de Schlessel vegeasse harre. »Hannes, laaf dou zom Noachtwäschter un huol de Schlessel!« De Hannes saust ab, un wäi e endlich sereck koam, gong de Schlessel näit ins Schlesselloch, weil de Ki-en doags vierher beim Spille des Schlesselloch med Dreck zougeschmiert harre.
»Hannes!«, befuahl de Kommandant, »dou musst noch emual zom Noachtwäschter laafe, soi Fraa soll dir e Huurnuole geawwe, weil mir de Dreck aus'm Schlesselloch gi-egsele musse! Un was eich noch soa wollt: Mach schnell, es brennt!« I-en Schwaaß geboare kohm de Hannes ogelaafe un broacht em Kommandant die Huurnuole. Ez wird met vereinte Kräfte de Dreck aus'm Loch gekratzt, de Schlessel eni-en gestoche, des Dor uffgeri-esse, doas Ding geschnappt, un i-em Galopp gong's ab noch Fuchsgroawe. Kurz fir Fuchsgroawe, bei de Uffelmanns Marie, do, wuh's e bissi oh-steit, säät de Kommandant: »Das Ganze haalt! Mir wolle i-escht e muol veschnaufe, doaß mer fresch o die Brandstelle komme!« Die Männer bleiwe stieh un bodtze sich die Drobbe voh Stirn un Noas. Uff emuohl säät Schoustesch Willem: »Ei, Ihr Leut, de Schloach soll's riern! Mir hunn de falsche Löschwoa!« De Schreck woar gruß! Jetz irscht soi se gewoar worn, doaß se i-en ihrer Uffreschung anstatt die Spretz de Dreschwoa gegri-effe harre, der i-em Spretzehaus ne-awe de Spretze stitt. De Kommandant säät: »Männer voh de Wihr! Nur rowisch Blout! Sofort sereck un die Spretze gehuolt. Mir wern noch rette, woas se rette i-es!« Un ab gong's zom Doarf, de Dreschwoa sereck gebroacht, die Spretz geschnappt un i-em Trapp noch Fuchgroawe geraast ohne se raste – un wäi se do ohkome, woar des Feuer schuun aus!
Däi Blamasch huat dem Kommandant koa Rouh geluasse. Su woas durft de Wihr näit noch emuol bassiern. Drimm hoarre die Männer voh de Wihr zom nöchste Mi-eetwuch zou ner Vesammlung sesamme geroufe. »Männer voh de Wihr!«, sääre, »Männer voh de Wihr! Woas uus om Sonndoag

Rechts: Horst Lehr beim Vortrag
Links: die Altwiedermuser Feuerwehr 1935

bassiert i-es, dod usem Rouf bawoarisch oabtroa! Mir musse als schloagkräftich Wihr ohm Brandpletz erscheine, sulang's noch brennt! Doas i-es en Befehl! Als ierschtes ordne ich hiermit...!« Mi-ette i-em Wort stockt dem Kommandant de Urrem! »Feueralarm!« »Es brennt hi-enne im Eck!«, reuft de Wirt i-en die Versammling. Dem Kommandant leuchte die Aache. Er säät: »Männer voh de Wihr! Kommeroare! Es brennt i-em, eichene Doarf! Jetz kimmt die Stuonn der Bewährung! Jetz kuonne mir alles wirrer gout mache, woas mir oam Sonndoach i-en Fuchsgroawe vebasst hun! Alles sofort zom Spretzehaus! Hannnes, dou läfst zom Nachtwäsch der un heelst de Schlessel un aach die Huurnuole! Un was eich noch soa wuollt: Mach schnell, es brennt!« Alles dot wäi om Schnierche klappe! Die Männer renne noch hoam, zäije de Uniformreck oh, setze de Helm uff – un wäi se zom Spretzehaus kohm, woar aach de Hannes med em Schlessel doh un med de Huurnuole. Tatsächlich: des Schlesselloch woar wirrer med Dreck zougeschmiert. Alles gong wäi de Blitz: De Dreck e-raus, de Schlessel e-ni-en, die Dier uffgerisse unn doh stiehn se dann, die Ochse! Se harre die Spretze i-en Fuchgroawe stieh geluosse! De Kommandant reuft: »Männer, etz hääßt's gelaafe! Macht schnell, es brennt!« Doch wäi se do hie kohme, wu se die Spretze stieh gelosse harre, hat de Spretzewoa nur noch drei Rerrer! Em Bauer woar doags vierher beim Mi-estfohrn e Road gekracht un do hurre sich gedoocht: Mechsde hald e Road aus de Spretze e raus, däi stitt joa doch nur häi erimm. Die Männer voh der Wihr hun den Bauer ausfinnisch gemoacht, oawwer der woar im Feld. Die ganz Wihr raast uff die Äcker, soucht den Mann un brengt des Road sereck. Eins, zwei, drei, woarsch wirrer ohmondiert, un ab gong's eam Eilmarsch noch Wirrermes. Oawwer wäi se oh die Brandstelle kome, woar des Feuer aus. Gewirrer, doas woar der oawwer escht e Blamasch! Der Kommandant hot koa Rouh näit. Er musst der Wihr ihrn goure Ruf wirrer herstelle, oawwe wäi? Samstag morje leßde im Koistall die Mi-estgowwel falle un säät zou de Koi: »Es wird e außerordentlich Katastrofen-Versammling i-enberufe, un de Gemaneruod wird aach i-engeschalt. Vielleicht kräije mer dann aach e nau Spretzehaus, wo nur die Spretze un näit der Sau-Dreschwaa drin stitt!« Gsaad – gedoh! De Ortsdiener musst ausschelle – un oam Owend woar dann aach alles vollzählich verträre: Bojemoaster, Kommandant, Gemaneruod und die Männer voh der Wihr. De Kommandant dot sich näit scheniern, die ganz Blamasch noch amoul uff se desche. Es wurd hie un her berure un üwerlescht, woas se mache wier, um die Wihr noch schlachkräftischer se mache. Schließlich soi neue Stadute beschlosse und drei Paragraphe uffgenomme worn:

Irschtens: Jeder Feuerwihrmann voh Altwirrermes huat ab sofurt e Hurnuole bei sich se fiehrn, i-em Fall dass wirrer Dreck i-em Spretzehausschlesselloch i-eß!

Zweddens: Aus dem Dreschwoa wern die Verrerrerrer erausgenomme, doaß es koa Verwechs lung mie gebt und mer beim Schuwe vom Woa schunn merkt, ob mer aach die Spretze erwescht hout owwer näit!

Dri-ettens: Es wird e nau Spretzehaus gebaut, un doas kimmt zimmlich noh oh die Brandstell!

»Suu, Männer voh der Wihr«, säät dann de Kommandant, »un wann's wirrer brennt, kann ich alle Kommeroade nur rure: Macht schnell! Wann's brennt kimmt's uff uus Männer voh de Wihr oh! Prost uff uus schloagkräftisch Wihr, ihr Männer! Prost uff uus Kerle!« Un dann dohnse gehierisch ihrn gruße Brand lösche! Das konnte se!

Neuwiedermuß

Während des Dreißigjährigen Kriegs, 1634, wurde die Ronneburg zunächst von den Kroaten gestürmt und ausgeplündert. Zwei Jahre später griff General Ramsay, Kommandant der schwedischen Schutztruppen in Hanau, die Burg an, und das Dorf Neuwiedermuß, damals noch Fuchsgraben genannt, wurde im darauffolgenden Jahr völlig zerstört. Eine Urkunde von 1699 belegt, dass sich Fremde für eine Neuansiedlung in Fuchsgraben beim Bürgermeister Niclas Zieg zu Hüttengesäß bewarben, und 1702 genehmigte Graf Johann Philipp zu Isenburg-Offenbach den Wiederaufbau des Ortes. Schon 1703 kamen die Dörfer im Ronneburger Hügelland wieder in kriegerische Bedrängnis. Diesmal war es Generalleutnant Fürst Leopold von Anhalt-Dessau, der im Anmarsch auf die Region zwischen Langenselbold, Neuwiedermuß und Marköbel war. Er kam nicht allein, sondern mit einem 6000 Mann starken preußischen Heer. Was führte die Truppe in diese Gegend? Ursache war der »Kartoffelkrieg«, eine militärische

Blick vom Hüttengesäßer Mühlberg auf den »Weißen Berg« und Neuwiedermuß

Auseinandersetzung um die spanische Erbfolge, in der sich Kurfürst Max Emanuel von Bayern und Frankreich gegen die preußische Reichsarmee wendeten. Vom 1. Juli bis 2. August 1703 marschierten die preußischen Truppen in Richtung Donau. Der Marschbefehl des Königs Friedrich I. beinhaltete neben strenger Disziplin der Truppe auch die Order, die Männer nicht in einer kilometerlangen Marschkolonne auf einer Marschstraße zu bewegen, sondern vielmehr auf einem 20 Kilometer breiten Marschstreifen. Dieses Verfahren reduzierte die Belastung der Einwohner in den Quartierorten. So rückten in Langenselbold der Generalstab ein, in Hüttengesäß und Neuwiedermus die Artillerie und das Proviantwesen. Die Infanterie mit ihren drei Regimentern bezog Quartiere unter anderem in Marköbel, Hüttengesäß, Neuwiedermuß und Lieblos. Obwohl die preußischen Truppen gut versorgt waren, konnten sie auf die zusätzliche »Bier-, Brot- und Fleischtaxe« in den Orten nicht verzichten.[11]

Ortseinfahrt Neuwiedermuß

Fundamentstein 1821 am Hof der Familie Erwin Kratz, erbaut von Johann Ruhl und dessen Frau Katharina, geborene Ruhl. Das verwendete Baumaterial ist typisch für das Ronneburger Hügelland: »Feldstein«, Basalt vulkanischen Ursprungs, kam aus dem Steinbruch in der Nähe der Ronnburg, der Sandstein stammt aus Büdingen.
Oben links: Die frühere Gaststätte Uffelmann – unten links: Glückliche Hühner auf der Zollgrenze zwischen Neuwiedermuß und Altwiedermus – rechts: Hofreiten an der Hanauer Straße

Dorfmuseum in Neuwiedermuß

Neuwiedermuß birgt einen Schatz. In einer auf den ersten Blick unscheinbaren Scheune befindet sich eine große, gut sortierte Privatsammlung von landwirtschaftlichen Geräten, altem Werkzeug und historischen Haushaltsgegenständen aus längst vergangenen Zeiten. Alfred Helbig hat diese Exponate zusammengetragen und mit dem Bestand des Geschichts- und Heimatvereins Ronneburg ergänzt. Ein Besuch des Museums ist nach Vereinbarung möglich.

Blick vom Turm der Ronneburg auf das Jugendzentrum am Weißen Berg oberhalb von Neuwiedermuß. Im Hintergrund erhebt sich der Spessart über das Freigericht.

Jugendzentrum Ronneburg

Seit über 25 Jahren ist das Jugend-, Bildungs- und Freizeitzentrum Ronneburg auf dem Weißen Berg oberhalb von Neuwiedermuß ein beliebtes Ziel für Schulen, Vereine und Verbände, die ihre Freizeit aktiv und abwechslungsreich gestalten wollen. Wer das Ronneburger Hügelland kennen lernen will, ist hier bestens aufgehoben.
Mehr als 80 Gäste können in den Gästehäusern mit Einzel-, Doppel- und Mehrbettzimmern untergebracht werden. Für die sport- und freizeitpädagogische Arbeit stehen den Gästen ein Hallenschwimmbad, eine Sporthalle, ein Stadion mit 400-Meter-Kunststofflaufbahn und Leichtathletik-Anlagen sowie ein Rasensportplatz zur Verfügung. Beachvolleyball-, Basketball- und Kunststoff-Kleinspielfelder, ein Sinnespfad und ein Volleyballplatz laden zum Austoben ein. Ob Sauna, Fitnessraum, Kegelbahn, Tischtennis oder Disco – der Freizeitgestaltung sind kaum Grenzen gesetzt. Grillmöglichkeiten an jedem Gästehaus runden das Freitzeitangebot ab.

Basaltpflaster mit Burgblick

In napoleonischer Zeit wurden im ganzen deutschen Reich Alleen angelegt, so auch zwischen Hüttengesäß und Neuwiedermuß. Die letzten um das Jahr 1800 gepflanzten Eschen erkennt man auf dem Bild auf der linken Seite. Sie stehen an einem Parkplatz an der Landstraße, wo sich auf einem kleinen Stück auch das alte Basaltkopfsteinpflaster erhalten hat. Wegen des Schattens, den die Bäume spenden und des schönen Blicks zur Burg lohnt es sich, hier für eine Rast anzuhalten.

Blütenzauber

Ob zur Kirsch- und Apfelblüte im April, zur Rapsblüte im Mai oder zur Apfelernte im Herbst, das Ronneburger Hügelland bietet mit seiner Feldlandschaft und den Streuobstwiesen immer Freude an der Natur. Hier vor Hüttengesäß.

Apfelernte ist immer mühsam, ob »gepflückt« für das Tafelobst oder »gebückt« für die Mosterei. Wie man am Flurnamen »Hintere Wingerte« (Gemarkung Hollerstaude und Goldgrube) und am alten Weinberghäuschen erkennt, waren da, wo heute Apfelbäume stehen, früher Weinberge.

Der Blick fällt auf den ursprünglichen, 1824 von der Gemeinde Hüttengesäß angelegten Weinberg. Er ist auch auf der im Jahr 1858 entstandenen Karte eingezeichnet, die auf der nächsten Seite abgedruckt ist. Der gesamte Südwesthang wurde bepflanzt und ein Weinberghäuschen für die Geräte errichtet. Der heimische Wein war wohl ein herbes Getränk. Reblaus und mangelndes Klima machten den Weinanbau unrentabel, schließlich musste man sich der Konkurrenz der besseren Lagen ergeben. Ähnlich erging es auch vielen anderen Gemeinden und Städten wie Gelnhausen, Gründau und Langenselbold.

Der Hüttengesäßer Weinberg wurde kurz vor 1900 aufgegeben, spätestens bei der Flurbereinigung um 1901, und mit Apfel-, Birnen- und Zwetschgenbäumen als Streuobstwiese weitergeführt. Aus dieser Zeit stammt wohl auch der große, über 100 Jahre alte Speierlingbaum.

Apfelernte

und
Jungewald
Langeweideborn
Weinbergshäuschen
(571,4)
Gäns
Hollerstaude
Die Landwehr
näcker
454

bach
Hüttengesäss
(496,4)
474
cker
458
559
Baumwiesen
Baumwies
(476,0)
560
feld

Streuobstwiesen im Ronneburger Hügelland

Wenn man unter dem Motto »Natur entdecken und genießen« auf der Hessischen Apfelwein- und Obstwiesenroute wandert, trifft man im Ronneburger Hügelland an den Hängen auf zahlreiche Streuobstwiesen, insbesondere bei Gründau, Langenselbold, Ronneburg und Eckartshausen. Die Streuobstwiesen liefern nicht nur guten Äbbelwoi und Apfelsaft, sie leisten mit ihrem Kern- und Steinobst auch einen wertvollen Beitrag zur gesunden vitamin- und mineralreichen Ernährung der Menschen. Das Blätterdach, die Stammregion und die Bodenvegetation einer funktionierenden Streuobstwiese können bis zu dreitausend Tiere beherbergen. Es wurden im Streuobstbestand über dreihundertfünfzig Pflanzenarten und über fünfzig Brutvogelarten nachgewiesen. Streuobstwiesen sind mit ihren offenen Blüten ideale Bienenweiden. Sie leisten einen wichtigen Beitrag zur Luftreinigung und zur Klimamilderung durch Abschirmung von Sonnenstrahlen, Niederschlägen und Wind. Wo also ist bei so viel Schönheit und Nutzen der Natur das Problem? Das Problem liegt darin, dass (ähnlich wie in der heutigen Gesellschaft, in der die Bevölkerungspyramide umkippt) die Streuobstbäume das Rentenalter längst überschritten haben. Viele alte Apfelsorten und wertvolle Gen-Substanzen sind bereits verloren. Allein in Hessen wurden 1938 noch sechseinhalb Millionen Hochstämme gezählt. Heute sind es gerade noch eine Million. Die Naturschutzbehörde und die meisten Obst- und Gartenbauvereine kennen das Problem und wissen, dass mit Winter- und Sommerschnitt nicht alles getan ist, sondern sorgen durch Neupflanzungen von Obstanlagen und durch Veredelung alter und neuer Sorten für Fortbestand und Vielfalt im Garten der Natur. So bleibt zu hoffen, dass auch unsere nachfolgende Generation sagen kann: »An apple a day keeps the doctor away.«

Alte Bäume haben eine wichtige Aufgabe im Lebensraum Streuobstwiese, sie bieten Nisthöhlen für Specht, Kleiber und Siebenschläfer. Unter Naturschutz steht der alte Birnbaum in Ronneburg. Er ist nahezu hundetrzwanzig Jahre alt und wurde 1890 von Philipp Haldy aus Neuwiedermuß gepflanzt. Es handelt sich um einen sehr schönen alten Birnbaum, der auf Grund seiner außerordentlichen Dimension eine Seltenheit darstellt und

Der alte Birnbaum mit den »Haaregoil«

unter Naturschutz steht. Seine schöne, kleine, gelbe Birne ist allerdings kaum genießbar, sie schmeckt sehr herb und sauer und wird in kleinen Mengen bei der Apfelweinkelterei zugegeben. Im Volksmund wird sie »Haaregoil« (»Zigeunerpferdchen«) genannt.
Der Speierling (Sorbus domestica) gehört in die Familie der Eberesche und hat ebenfalls gefiederte Blätter. Es gibt apfelförmige und birnenförmige Speierling-Früchte. Er wird in Hessen von Kennern in kleinen Mengen (ein bis zwei Prozent) zur Veredelung des Apfelweines verwendet. Er bewirkt eine Klärung des Apfelweines und gibt einen besonders spritzigen Geschmack.

Der über 100 Jahre alte Ronneburger Speierling, ein ganz besonders wertvolles Exemplar mit Früchten

Manfred Keil rezitiert »Ruure Backe on grendische Plätz«

Ruure Backe on grendische Plätz

Flouch on Sääsche vo-em Boamschteck uff de Wingerte von Manfred Keil

Wäi aisch noch en Bou woar, hot mein Obba immer wirrer zou mer gesaat: »Bou«, horr-e gesaat, »wann mir emool nämmi do sei, kannst-de alle Äcker vekaafe, nur oan näit, es Boamschteck uff de Wingerte, doas musst-de behaale! Es best Groifourer, es best Haa, es best Grommet on dann doas schiene Obst.« Rääscht harr-e, de Obba! Wäi dann de Obba on die Omma nämmi do woarn, huu aisch iwwerleet, wäi doas met dem Boamschteck weirergieh sellt. Oans woar klur: Fier Haa hatt aisch koa Vewennung, oawwer iwwer Äbbel, Kwättsche, Biern on Kersche, do kennt mèr driwwer noochdenke. Suu nääwebei huu aisch emool en Bleck ens Grondbouch gewoarfe, on schunn koom aisch oo's Simmeliern, hiert euch doas emool oo, woas do geschrewwe woar:

Laufende Nummer 1 Langenselbold, Flur 37, Flurstück 21, Grünland »Die mittelste Länge«, 28 Ar und 80 m^2, Band 257, Blatt 2767, Umschreibung auf das Loselattgrundbuch. Gezeichnet Engel, Justizangestellter.

Also wäi aisch doas gelääse huu, bekoom aisch's met de Angst. Wääsche'm Boamschteck suu en Uffwand! On woas kimmt dann do noch alles? Polizeilisch Fiehrungszeuschnis met Lääwenslaaf on Lichtbild? Gesondheitspass? Zoutrettsgenehmischung? Erntebereschtischungsschei? Nochdem aisch doas Kauderwälsch su einischermooße vedaut hatt, huu aisch misch dem eischentlische Objekt zougewennt, neemlisch de Beem. On do wollt aisch se' allerierscht emool wesse, woas doo suu alles weest, also rischtisch met Fachausdreck. De Obba neemlisch hot immer nur su e bissi volkstiemlisch erkliert: »Doas es de Freuhe, doas do de Schbeere on oowe der oo de Grenz, doas es de Bloo'e. Der es gout fier'n Kouche, doo driwwe den musst-de leije losse on däi zwaa groine sei fier'n Äbbelwoi.«
Des woarn doarchaus praktische Infematione, oawwer fier mei Weirerbildung als Hobbypomoloche woar doas näit befriedischend. Also huu aisch misch nooch'n'nooch doarschgefreet on dem Obstbauve'ein sei aisch aach beigeträäre. Experte vo dene huu gemoant, däi Beem misste se'ierscht emool fachmennisch geschnerre werrn, on zwar radikal. Schiene Aussischte! No ja, doas woar näit oannerscht se erwoarte. On oans hot sisch bei all meine Bemeuhunge aach erausgeschtellt: Es es alles näit su oafach met su em

Boamschteck. Oawwer met de Zeit huu aisch mèr doch ordentlische Grondkenntnisse oogeaaschent. Woas aisch als ierschtes lerne musst: De Abbel gehiert goarnäit zou de Äbbel, sonnern zou de Rosegewächse. Donnerwerrer! Doas hätt aisch näit geglaabt! On woas misch oawwer bei dene Äbbel ganz on goar vewerrt, doas sei däi schloachs Noome vo dene oanzelne Soarte. Aisch will euch doas emool oo'm Beischbill vo meim Grondschteck klur mache: Also woammèr bei mir vo onne her uff doas Boamschteck kimmt, schtieht gleich rääschts e Plaume on e bissi weirer enuffzou schunn de ierschte Abbel. »Doas es en Schbeere!« hot misch de Obba domools geliehrt. »Wann der reif es, es'e gääl, hot ruure Backe on en hoarte Bess. Oawwer e gräit immer e poar grendische Plätz.« Doas woar de Kaiser Wilhelm! Do muss mèr ierscht-emool druffkomme, su äbbes glaabt mèr näit!! En Abbel met suu em Noome on grendische Plätz?! Doas es en pomolochische Wirrerschpruch! Links devoo schtieht en ganz Freuhe, wuu sisch em Obba seine Ausfiehrunge nooch gout zoum Kouchebacke aaschene deet: »Wann der reif es, Bou, wèr-e gääl, kräit ruure Backe – on gelääschentlisch e poar grendische Plätz. Oawwer woam-mèr enennbeißt, es-e mell on määlisch.« Bis mèr eraus harre, wäi der hääst! Oaner vom Obstbauve' ein koom dann zou mèr, hot e feierlisch Gesischt uffgesetz, woar se' ierscht ganz rouhisch, zoum Daal aach e bissi uffgereescht, on hot dann oogefange, ganz langsam se babbele, en laurer oanzelne Buchschtooawe, dometem bei de Ausschprooch joa koan Fehler onnerlääft:
»Doas es de Carnawosky!«

Charlamowsky

Ei de Schloach! Des hiert sisch joa oarsch fremm on bedrohlisch oo! E uuschuldisch Äbbelsche on suu en gefierlische Noome?! Also de Obba hot immer Kerbabbel zou-em gesaat, weil der immer im die Kerb erim reif woar, doas woar joa aach vill besser em Kopp se behaale. E Schteck weirer enuff– die Quetsche losse mèr rääschts leije – schtieht en ganz aale Kerle. E poar Äst sei schunn därr on aach sonst mäscht der Boarsch koan goure Endruck: Schäpp, vedreed on fo oowe bis onne bemuust. Oawwer Äbbel horr-e jeed Juhr: Dicke, gääle, met ruure Schtreife on laurer kletzekloane grendische Plätz, oawwer näit hoart, eher e bissi waasch. »Doas es de Jakob Lebel!«

Jakob Lebel

Doas huu jeerenfalls di Fachleut vom Obstbauve' ein gemoant.
No ja, de Obba horr-en immer en Wechsische gehaaße, weil der immer e Haut hatt wäi met Schouhwechs engeschmiert – on woam-mèr den oo de Scherz gerewwe hot, horr-e wäi e Schbeckschwoarte geglenzt. Gääscheniwwer es en Nossbo-

Ontario

Ingrid Marie

Champagner-Renette

Gräfin von Paris

am, visavi e Quetsche on rääschts vo dere schtieht em Obba sein ganze Schtolz: En halbhuhe Boam met kräftische Äst. Dem sei Äbbel sei fast su dick wäi Kendskepp on hoart wäi Knoche. De Obba hot deswääsche immer gesaat:»Buu«, horr-e gesaat, »den musst-de leije losse bis en' Febbewar enenn, doo werd der rääscht!« Intressant dodebei woar, dass de Obba den auslennische Noome vo dem goure Schteck behaale hatt, neemlisch Ontario.
Den Nome horr-e ausgebabbelt, als wier doas es Oafachste vo de Welt. Links vom Ontario schtiehn zwaa aale Kärschbeem, gruße Kerle met kloane Kärsche, däi oawwer all weit auße henke, wuu aisch koa Laaren ooschtelle kann. On wann aisch emool e poar zoum Esse hole will, huu se die Schpriene schunn gefresse.
Uff de selwe Seire weirer oowe kimmt se´iersch en freuhe on doo oowe driwwer de Bohner. Wäi sisch schbeerer erausgeschtellt hot, es der Ausdruck Bohner e mundoardlisch Vekärzung vo dem huuchdeutsche Woart Rheinischer Bohnapfel. No ja, der Ausdruck Bohner gefällt mir perseenlisch besser. Räächts devoo schtieht de allerällst aus meine Sammlung. Koaner waaß, wäi der hääst. En hohle Schtamm on oan oanzische Ast met Schtecker finf Zwaasche. Trotzdem brengt-e jeed Juhr en Haufe Äbbel, kloane Krotze, su gruß uugefiehr wäi e Wallnoss, goldegääl, vo oowe bis onne grendisch on suu hoart, dass´se bestenfalls als Äbbelbrei genäißboar sei. Meistens falle se vo alloa eroab, bleiwe onne laije, on wern uff däi Oart en'n Naturkreislaaf sereckgefiehrt. En dere Zeit, wuu aisch misch suu e bissi pomoloochisch weirergebild´ huu, es mèr uffgefalle, dass ville Soarte suu huuchtroawende Noome huu, ehnlisch wäi beim Gäulsrenne die Gäul haaße, zoum Beischbill. Ingrid Marie, Royel Gala, Gewärzluie, Moarjeduft, Jonagold, Elstar, Champagner-Renette, Jonathan, Red Delicious – on su weirer, on su weirer. Woas däi Zischter sisch su alles enfalle losse! Doodebei scheine aach e poar Sorte debei se sei, däi sisch die Nadur selwer ausgedoocht hot, doo häähßt´s neemlisch manschmool: Zoufalls-Seemling. Woas soll doas dann wirrer bedeure? Owwer en schinnste Nome uff meim Boamschteck hot mei oanzisch Biern, die Gräfin von Paris. Doas muss mer singe, näit oafach babbele. Obwuhl der schiene Nome en koam Vehältnis zou seine Frischt schtieht: Däi sei suu kneppelhoart on woammèr se henke lesst, wern se faul on falle eroab. Mei Bemiehunge, die Gräfin fier schbeerere Zeire fresch se haale, sei bis uff-en heutische Doach ohne Erfolsch geblewwe. Also doas oane will aisch euch soa, su schie doas alles mer-em geerbte Boamschteck uff de Wingerte es, die Realidät es allgääsche-

werdisch. On wesst-èr, wäi däi hääßt? Aisch will's euch veroore: Äbbel, Kersche, Biern oabmache, en Schteije, uffs Äbbelbett, en Säck, zoubenne, ens Auto, en die Kelterei, loachern – oawwer wuu –, veschenke, Äbbel esse woam-mer koa will, Kouche devoo backe, Saft on Äbbelwoi mache, Kersche enkoche. Die Gleeser gieh uff, die Äbbel ronzelisch, die Biern faul on immer noch hoart, Schimmel! Woas mache? Ei erausläase, woas dann!!!!
Es Juhr gieht erim on es Obst es bis uff e poar immer noch horte Ontario fort, de Äbbelwoi hot en Schtesch on die engemoachte Kersche musste all uff oamool gässe wern, weil die Gleeser näit discht gehaale harre. Em Febbewar dann: Beem schneire on Wälle devoo mache, oawwer wuhi met dem Geäst? Es muss oawwer sei, weil mèr em Herbst joa wirrer Äbbel on Biern huu wolle, desmol villeischt ohne grendische Plätz.
On de Nochbeschaft werd weis gemoacht: »Aische Obst es Gold wert, doas mäscht su gout wäi koa Ärwet on de host es ganz Juhr äbbes Gesondes uff-em Desch. Juhr fier Juhr gieht doas suu! Juhr fier Juhr de sälwe Zärkus! Wäi gesaat, e geerbt Boamschteck es koa rein Freud, doas es Flouch on Sääsche gleischzeirisch, 's ganze Lääwe lang, bis mèr de aaschene Kenn om Enn soa kann: »Ihr Kenn, doas Boamschdeck derft' er näit vekaafe! Doas musst'èr uubedingt behaale!« Iwwerischens, suu ganz nääwebei, es beste vo em Boamschteck es immer noch es Därrobst. Doas schboart Platz, es aremaatisch on gesond. On sein grisste Vierdaal fier mei Begreffe: Beim Fernsehgucke oowends krimmelts näit suu wäi met Plätzeschen, Saalzschtange oawwer Kartoffelschipps: De Platz im de Fernsehsessel bleibt bis zoum neechste Oowend sauwer! Nur die Kern vo de Plaume on Quetsche, – däi derf mèr näit oafach en die Schtubb schbeutze, däi sammelt mèr en-ere Bichse on nimmt se es neechste Mool met uff die Wingerte. Suu es de Nadurkreislaaf wirrer geschlosse. Soa, aisch muss etzt oawwer uffhiern, 's es Zeit, weil ich uff die Wingerte muss – Beem schneire!

Wanderungen
im Ronneburger Hügelland

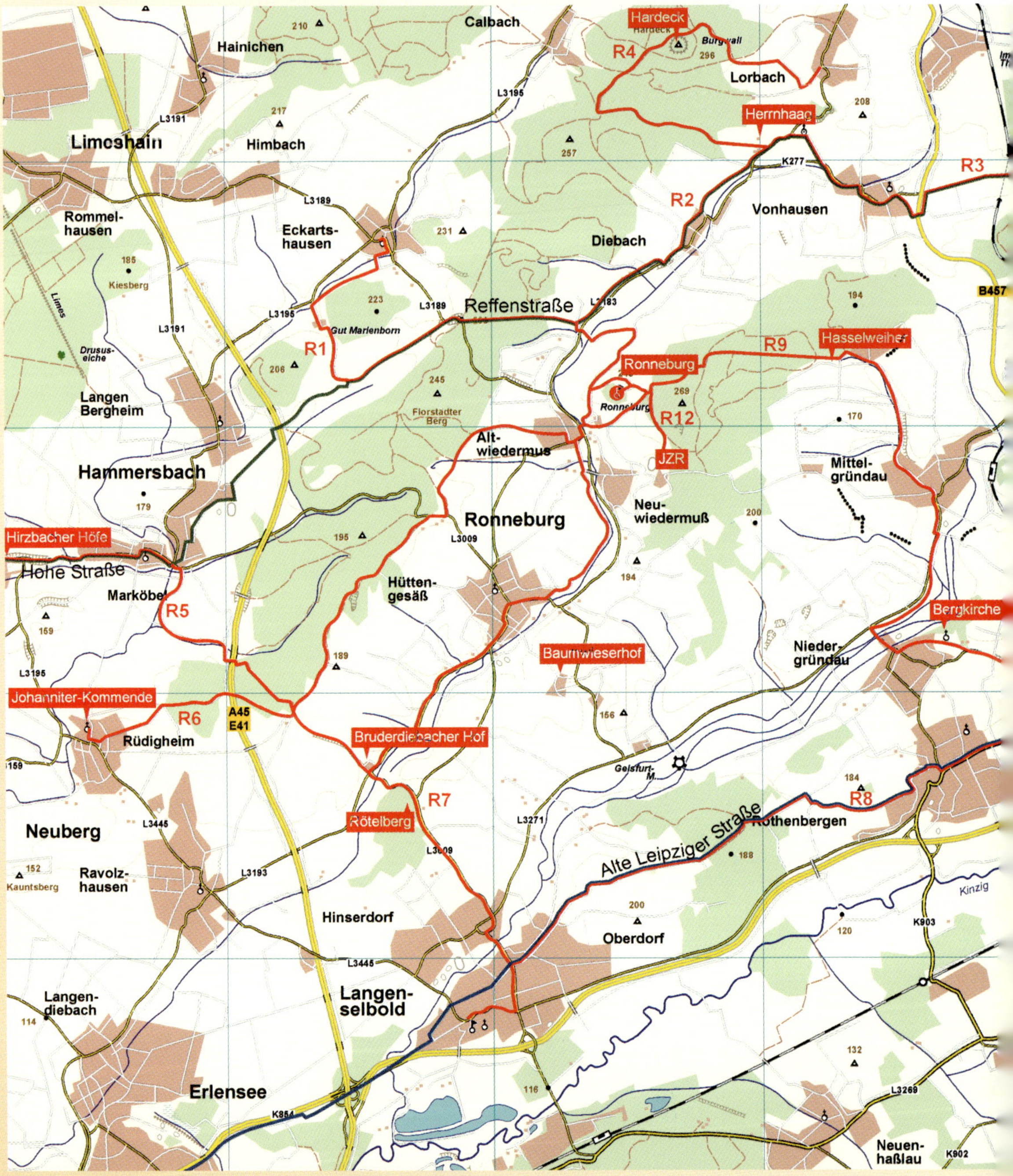

12 Wanderungen

Hohe Straße

Alte Leipziger Straße

R1–R12 Wander- und Radwege

Route 1: Von der Ronneburg (238 m) zur Reffenstraße und auf den Spuren von Graf Zinzendorf durch den Wald nach Marienborn, danach am Krebsbach und Judenfriedhof entlang zur Kirche nach Eckartshausen, ca. 6 km.

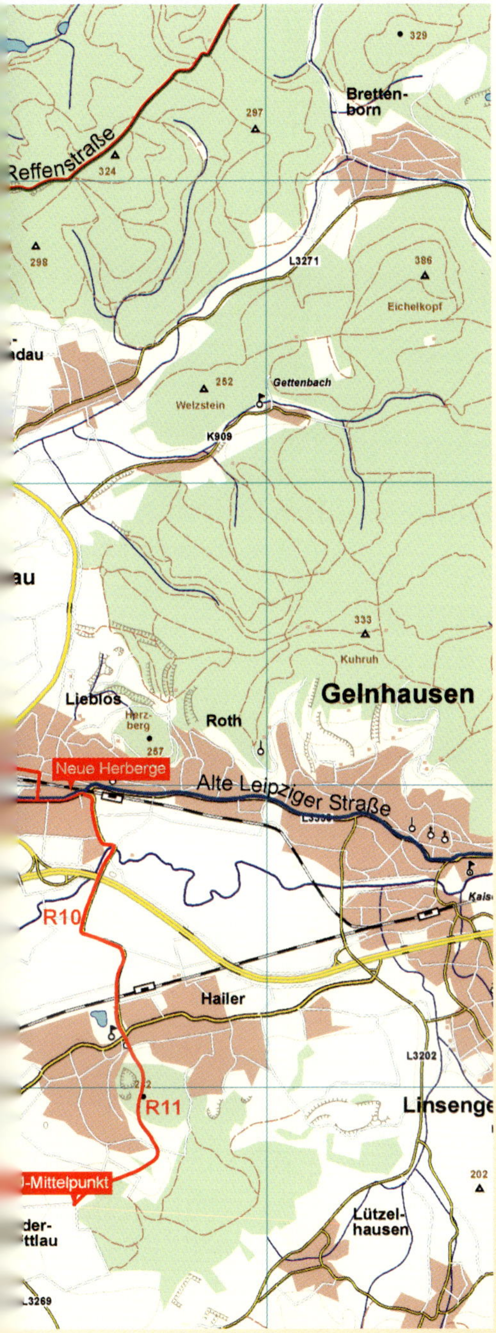

Route 2: Von der Ronneburg am Fallbach entlang zur Reffenstraße nach Diebach am Haag auf den Spuren von Graf Zinzendorf und weiter nach Herrnhaag, ca. 4 km.

Route 3: Von Herrnhaag aus zur Kirche am Haag und in Vonhausen Ortsmitte auf die Reffenstraße durch den Büdinger Wald zu den Fürstengräbern und zur Braunkohlenzeche Hedwig, ca. 12 km.

Route 4: Von Lorbach zu den Fischteichen und hoch zur Burgruine Hardeck (295 m) und weiter zur ehemaligen Herrnhuter Siedlung nach Herrnhaag, ca. 6 km.

Route 5: Von Hüttengesäß, Gasthaus zur Krone, zum Bruderdiebacher Hof, westlich des Hofes durch die Hohl zum Waldrand hoch und abwärts nach Marköbel mit historischem Rathaus und römischem Bad. Von dort entlang des Krebsbaches nach Westen zur Hirzbacher Kapelle, ca. 8 km.

Route 6: Von der Ronneburg durch Altwiedermus über die Häuserwaldstraße am Waldrand entlang nach Südwesten und über den Jungen Wald und Steinrücken oberhalb Hüttengesäß, den Limes überquerend, zur frühgotischen Kirche und Johanniter-Kommende nach Rüdigheim, ca. 7 km.

Route 7: Vom Schlosspark Langenselbold zur Kirche am Klosterberg über den Marktplatz am historischen Gasthaus Zum Engel und über die Gründaubrücke, auch bekannt durch den Bachtanz, in nördlicher Richtung zu den Hügelgräbern auf dem Rötelberg und von dort den Feldweg talwärts zum Bruderdiebacher Hof, ca. 4 km.

Route 8: Vom Schlosspark Langenselbold Richtung Nordosten durch das Oberdorf auf der historischen »Alten Leipziger Straße« über den Galgenberg nach Rothenbergen zu den historischen Gasthäusern Zum Bogen und Zum Faß. Von dort weiter nach Lieblos zur historischen Neuen Herberge. Dort gibt es Spargel und Erdbeeren im Mai und im Juni, ca. 7 km.

Route 9: Von der Ronneburg durch den Ronneburger Wald in östliche Richtung bis zum Hasselweiher (Angelmöglichkeit) und weiter Richtung Mittelgründau an der fürstlichen Domäne vorbei hoch zur Bergkirche in Niedergründau. Schönes Fachwerkdorf, Museum, ca. 8 km.

Route 10: Von der Bergkirche in Niedergründau in Richtung Lieblos zur Neuen Herberge, auf der Straße nach Meerholz in Richtung Süden die Kinzig an der historischen Kinzigmühle überqueren. Hinter der Bahnlinie erreicht man das Schloss Meerholz mit den Mauern des ehemaligen Klosters, ca. 6 km.

Route 11: Von Schloss Meerholz zum Restaurant Schießhaus. Über den Heiligenberg geht es gen Süden zum aktuellen Mittelpunkt der Europäischen Union, ca. 4 km.

Route 12: Auf Seite 128ff. werden Grenzsteinwanderungen aufgezeigt, hierzu ist eine geeignete Wanderkarte empfehlenswert. Eine sehr schöne Wanderung an Grenzsteinen entlang – ohne Karte – bietet der Weg vom Jugendzentrum Ronneburg durch den Wald zur Ronneburg. Schon auf dem ersten Kilometer findet man links am Weg zwei Grenzsteine, ca. 3 km.

Nach Eckartshausen - dem Tor zur Wetterau

Blick von der Reffenstraße auf Eckartshausen

Eine fünf Kilometer lange Wanderung mit dem Ziel Marienborn-Eckartshausen bietet sich von der Ronneburg aus an. Man geht durch Altwiedermus und am Ortsausgang weiter Richtung Norden bis zum Parkplatz an der linken Straßenseite hoch zur Reffenstraße. Dort erkennt man noch teilweise die Hohl des historischen Handelsweges, auf dem wir nun Richtung Westen durch den schönen Buchenwald im Ameisengrund wandern, bis wir an die Verbindungsstraße von Altwiedermus nach Eckartshausen kommen. Hier hat man eine schöne Sicht auf das Dorf Eckartshausen. Das Ronneburger Hügelland endet, und es öffnet sich das Tor zur fruchtbaren Wetterau. Wir überqueren diese Straße und setzen den Weg links fort auf einem besonders schönen Teil der alten Reffenstraße, die dort »Hohe Straße« genannt wird. Auf der rechten Seite des Weges sehen wir eine bis zu fünf Meter tiefe Hohl und ahnen, dass der alte Handelsweg einst stark befahren wurde. Nach etwa einem Kilometer biegen wir auf einem alten Hohlweg rechts ab und kommen zu der hessischen Staatsdomäne Marienborn und zur Ruine eines ehemaligen Zisterzienserinnen-Klosters. Es geht weiter – etwa eine Viertelstunde – am Rande des Köhlerwaldes, am Krebsbach entlang, zum alten Judenfriedhof aus dem 16. Jahrhundert bis zur Kirche von Eckartshausen, die von hübschen alten Fachwerkhäusern umgeben ist. Wir stehen vor dem romanisch anmutenden Kirchenportal und lesen dort, dass die Kirche 1879 fertig gestellt wurde. Aus Anlass des 125jährigen Jubiläums berichtete vor kurzem Pfarrer Klaus Opper aus den Kirchenbüchern, in denen der damalige Pfarrer und »Bauherr« Otto Welcker von der Grundsteinlegung am 26. Oktober 1877 erzählt: »Am Geburtstag seiner Erlaucht, Graf Carl zu Ysenburg und Büdin-

Neoromanisches Tor der Kirche von Eckartshausen

gen und Meerholz, fand die 'erhebende' Feier statt. Der ganze Ort und viele Bewohner aus den zum Kirchspiel gehörenden Ortschaften Altwiedermus, Himbach und Langenbergheim waren versammelt. Pfarrer Welcker hatte das Musikcorps des 2. Großherzoglich Hessischen Infanterieregiments 116 aus Gießen bestellt und aus eigener Tasche bezahlt! Die spätmittelalterliche Kirche wurde wegen Baufälligkeit 1872 geschlossen. Der Kanzel-Postamentstein mit der Jahreszahl 1583 wurde für würdig erachtet, auch im neuen Gotteshaus die Kanzel zu tragen. Beim Abbruch dieser Vorgängerkirche entdeckte man auch Fundamente einer alten Kapelle. Urkundlich wird die Kirche zu Eckartshausen und damit auch der Ort bereits 1265 erwähnt. Es ist anzunehmen, dass die erste Besiedlung bereits während der Christianisierung durch die Franken um 800 erfolgte.«[12]

Portal des barocken Gerichtsgebäudes

Eckartshausen wird auch als Gerichtssitz schon früh genannt. Ein Zentgraf ist als Vorsitzender des Gerichts Eckartshausen und Himbach 1274 bezeugt. Ein barockes Gerichtsgebäude war zugleich Rathaus und Schulhaus in Eckartshausen, wie auf dem Portal mit der Jahreszahl 1733 zu lesen ist.[13] In der Zeit von 1590 bis nahezu 1700 fanden im Gericht Eckartshausen und nicht nur dort zahlreiche Hexenprozesse statt. Aus den Archiven erfährt man Interessantes über den Hexenwahn, die gegenseitigen Beschuldigungen der Bürger, die Folterungen und nicht selten die Todesurteile durch Schwert und Feuer. In den Jahren von 1667 bis 1673 fand in Eckartshausen ein umfangreiches Verfahren wegen »Wahrsagerei, Segnerei, Bebannung der Leute, Gebrauch falscher Arzneimittel« und anderem mehr statt. Der Bürger Hans Mohr wurde während des Prozesses vorübergehend auf der Ronneburg gefangen gehalten. Schließlich wurde er aus der Haft entlassen und musste gegen Zahlung einer Kaution von 100 Gulden die Grafschaft verlassen.[14]

Der Große Bär von Eckartshausen

Eckartshausen besitzt zahlreiche schöne Fachwerkhäuser. Eines davon wollen wir besonders herausgreifen, wegen eines ehemaligen Bewohners: Friedrich Rössel, genannt der »Große Bär«. Friedrich Rössel wurde 1858 in Ilbenstadt geboren, Abitur machte er in Mainz, dann folgte ein Studium der Mathematik und Naturwissenschaft in Gießen und Straßburg. Während eines Kuraufenthalts bei Pfarrer Sebastian Kneipp in Wörishofen machte ihn sein Freund, Freiherr von Savigny vom Hof Trages, auf eine Stellenanzeige im Schwäbischen Merkur aufmerksam: »Großkaufmann aus Moskau sucht für seine Kinder einen Privatlehrer«. Friedrich Rössel bewarb sich, hatte Erfolg und blieb für mehrere Jahre in Moskau. Über diese Aufgabe fand er eine weitere Stelle bei einem russischen Unternehmer im fernen Sibirien als Privatlehrer. Dort wurde er Teilhaber des Unternehmens mit Fabriken, Glashütten, Soda-Seen, Goldminen und Edelsteinbergwerken. Er war mit der Pfarrerstochter Wera Njadeschda Ljubow verheiratet, hatte vier Söhne und brachte es zu einem großen Vermögen, bis die russische Revolution 1917 dies Allem ein jähes Ende bereitete. Mit Hilfe von Freunden gelang es ihm, mit seiner Familie in einem geschlossenen Güterwagen durch China zum Seehafen Wladiwostok zu fliehen. In einer weiteren sechsmonatigen Odyssee auf einem unter japanischer Flagge fahrenden Schiff kam er über die Nordsee nach Lockstedt und von dort in seine hessische Heimat zurück, und zwar nach Eckartshausen, wo er mit seiner Familie im Haus seines Onkels Konrad eine neue Unterkunft fand. Arbeiten konnte er im landwirtschaftlichen Betrieb seines Vetters. Seine Frau Nadja war bei Nachbarn und Bekannte wegen ihrer vorzüglichen russischen Küche sehr beliebt. Friedrich Rössel starb 1943 im Alter von 85 Jahren und wurde in Vonhausen begraben, wo er zuletzt bei Verwandten gelebt hatte.[15]

Das Südtor des Hofgutes Marienborn bei Eckartshausen

Wanderung nach Marienborn

Wenn wir Glück haben, können wir bei unserer Wanderung durch das geöffnete Südtor von 1708 in das Hofgut Marienborn eintreten. Seit 1816 war es staatlich hessische Domäne, heute ist es landwirtschaftliches Versuchsgut der Universität Gießen. Sollte das Hoftor geschlossen sein, gehen wir am Waldrand entlang auf der »Seufzerallee«. Gleich links sehen wir die Ruine der Klosterkirche des ehemaligen Zisterzienserinnen-Klosters, das im Jahr 1286 an dieser Stelle von Ludwig I. von Ysenburg erbaut wurde. Die »Fons Santa«, die im benachbarten Köhlerwald entspringende Quelle, gab ihm den Namen Marienborn. Bereits zehn Jahre vorher hatten sich auf der Höhe von Diebach am Haag (dem späteren Herrnhaag) Klosterfrauen angesiedelt. Am Haag, an der Stelle der heutigen Kirche (Kirchspiel Lorbach, Diebach am Haag und Vonhausen), stand eine Kapelle. Wegen Wassermangels erwies sich diese erste Klostergründung als Fehlschlag, weshalb die Verlegung des Klosters in den Talgrund von Marienborn veranlasst wurde. Der Bischof von Würzburg als Landesherr und der Erzbischof von Mainz gaben der Gründung ihren Segen. Die Schutzherrschaft über das Kloster hatten die Herren von Ysenburg, die dort auch ihre Grablege besaßen.

Das Ansehen des Klosters, in das die Damen des näher und weiter entfernt wohnenden Hochadels eintraten, brachte es mit sich, dass im Verlauf des 13. und 14. Jahrhunderts eine bedeutende Summe von Grundrechten und Zehnten aus den Dörfern der Umgebung zusammen kam, unter anderem von Marköbel, Hüttengesäß, Lorbach und Vonhausen. Marienborn wurde zu einem der reichsten Klöster der Wetterau.[16] Nach der Reformation ging die Anzahl der Nonnen zurück, und nach dem Tod der Äbtissin Wandala, Gräfin von Wertheim, waren nur noch fünf Nonnen im Kloster anwesend. 1559 wurde das Kloster

Von der Klosterkirche der Zisterzienserinnen haben sich die Umfassungsmauern erhalten. Darin schließt sich das heute privat bewohnte ehemalige Forsthaus an.

säkularisiert. Die letzte Äbtissin, Gräfin von Hanau, mit ihren fünf Nonnen verzichtete zu Gunsten des Grafen Reinhard zu Ysenburg gegen Abfindung auf alle Besitzrechte. Die Auflösung des Klosters machte den Ysenburger Landesherrn zum größten Grundbesitzer im Gericht Eckartshausen. Das Vermögen wurde zum Teil für die Erhaltung der Kirche verwendet. 1583 ließ die Ysenburger Herrschaft in Eckartshausen ein eigenes Schulhaus errichten, das auch die Schulkinder von Langenbergheim, Himbach und Altwiedermus besuchten.

Von der Klosterkirche im frühgotischen Stil stehen heute nur noch die Umfassungsmauern. Das große Verwaltungsgebäude der ehemaligen Schlossanlage, das an die Westseite der Klosterkirche angebaut wurde, diente noch lange Zeit als gräfliches Forsthaus und ist heute privat bewohnt.

Die Reste der Klosterkriche Marienborn von innen

Lithographie des Barockschlosses Marienborn, 1736. Eigentümer war Carl August, Graf von Ysenburg-Büdingen-Marienborn

Marienborn – das ehemalige Schloss

An der Stelle des Zisterzienserinnen-Klosters wurde von Graf Carl August, dem Begründer der Linie Ysenburg-Büdingen-Marienborn, 1673 ein Schloss im spätbarocken Stil Ludwigs XIV. errichtet, wobei die Klosterkirche in die Schlossanlage einbezogen wurde. Die obige Lithographie zeigt Marienborn im Jahr 1736. Der Blick ist nach Nordosten gerichtet und lässt den hinter Marienborn ansteigenden Eckartshäuser Klosterkopf, den Köhlerwald, etwas höher erscheinen, als er in Wirklichkeit ist. Er gibt einen guten Hintergrund gegen die Gebäude und birgt in halber Höhe die Grotte, in der der Marienborn entspringt. Das Bild zeigt in der Mitte das Schloss mit seinem rechts angewinkelten Kavaliersflügel, unmittelbar daneben den hohen Zimbel des in die ehemalige Klosterkirche eingebauten Forsthauses, rechts daneben die Gebäude des Gutshofes, links liegt am Fuß des Berges die Mühle, zwischen der und dem Schloss die Seufzerallee den Wald begrenzt. Im Vordergrund sieht man im französischen Stil mit einem rechten Winkel gezogenen Wasserkanal, der rechts sich nächst dem Hofgut zu einem Fischweiher erweitert. Links im Vordergrund befindet sich die Ziegelhütte neben einem monumentalen Gartentor. Mit dem Tod des Grafen Carl August im Jahr 1725 starb die Marienborner Linie der Ysenburger auch schon wieder aus.[17]

Die Schlossanlage Marienborn wurde nach diesem Niedergang jedoch neben der Ronneburg und dem Herrnhaag eine Stätte von weltweiter Bedeutung durch die Anwesenheit von Graf Zinzendorf und seiner Herrnhuter Brüdergemeine, die 1736 hier in Marienborn

Zuflucht fanden und die Schlossanlage pachteten. Graf Zinzendorf begründete in Marienborn ein theologisches Seminar und ein Pädagogium, das die Aufgabe hatte, christliche Mission in aller Welt zu betreiben. Die Sendboten gingen von Marienborn aus nach Grönland, Afrika und Amerika. Vierhundert Zöglinge hat das Herrnhuter Seminar im Schloss Marienborn beherbergt. Zahlreiche Synoden wurden hier mit Besuchern aus aller Welt abgehalten. In Marienborn fand nach der Vertreibung der Herrnhuter vom Herrnhaag 1769 jene bekannte Synode statt, der Goethe, damals 20 Jahre alt, beigewohnt hat. Wir lesen darüber bei ihm in »Dichtung und Wahrheit«: »Die trefflichen Männer, die ich auf der Synode zu Marienborn, wohin mich Legationsrat Moritz, Geschäftsträger des Grafen zu Ysenburg mitnahm, kennen lernte, hatten meine ganze Verehrung gewonnen, und es wäre nur auf sie angekommen, mich zu den Ihren zu machen ...«[18]

Zur weiteren Geschichte des Schlosses Marienborn ist im Eckartshäuser Kirchenbuch zu lesen: »Anno 1759, dem 15. April, war der Ostertag, hat von Marienborn bis hierher zu Eckartshausen in dem Kornfeld die alliierte Armee, an vierzigtausend Mann mit vielen tausend Wagen aus Engelländer, Hannoveraner, Braunschweiger und Hessen campiert. Nachdem solche zu Bergen, einem hessisch-hanauischen Dorf mit den Franzosen unter dem Kommando Duc de Broglio eine Schlacht gehalten uff den Charfreitag. Alles Korn im Feld wurde durch das Lager ruiniert, alles Heu, Stroh, Haber und Korn von den Böden und Scheuern genommen, vieler Unterthanen Häuser wurden geplündert, alles Holz und Zaunpfähle verbrannt, weil die Armee kein Proviant für Mensch und Vieh hatte. Im Sommer war ein groß Elend.« Im Schloss Marienborn war das Hauptquartier von Prinz Ferdinand von Braunschweig. Zu Eckartshausen war das Quartier von Erbprinz zu Braunschweig-Wolfenbüttel nebst noch neun, teils englischen teils hessischen Generälen. Im Pfarrhaus lag der General von Urff und Bähr.«[19] Dies ist eine Beschreibung aus dem Siebenjährigen Krieg (1756 bis 1763) zwischen Österreich/Sachsen/Frankreich und Preußen/Großbritannien/Hannover mit den jeweiligen Verbündeten.

Graf Zinzendorf mit Freundin Anna Nitschmann und zwei seiner Kinder bei der Ankunft am Fuß der Ronneburg im Jahr 1736, Gemälde von A. P. Schöppfel aus dem Jahr 1747

Von Vonhausen zur Reffenstraße

Vonhausen wird schon 1278 als Zollstelle an der Grenze des königlichen Reichswaldes erwähnt.[20] Das Schild »Zur Reffenstraße« finden wir in der Ortsmitte von Vonhausen und folgen ihm durch eine Hohl direkt zur Reffenstraße. Besonders im Frühjahr oder Herbst bieten sich auf der Reffenstraße, so wird die »Hohe Straße« von hier ab in Richtung Osten genannt, schöne Wanderungen an. Wir haben die Wahl, entweder etwa neun Kilometer in Richtung Osten durch den Büdinger Wald bis zu einem alten Eichenhain mit den Fürstengräbern von Fürst Otto Friedrich zu Ysenburg und Büdingen und seiner Gemahlin zu wandern. Wenn wir von dort etwa einen Kilometer weiter gehen, kommen wir zur Forsthütte, dem Zechenhaus Hedwig an den früheren Braunkohlengruben.
Der Weg über die Reffenstraße nach Westen führt an der Kirche am Haag vorbei, also an der Stelle, wo 1286 ein erstes Zisterzienserinnen-Kloster erbaut wurde, zum Herrnhaag, der ehemaligen Siedlung der Herrnhuter. Von dort führt die Reffenstraße vorbei durch Diebach am Haag immer in Sichtweite der Ronneburg. Wir treffen oberhalb Altwiedermus auf den bereits beschriebenen Wanderweg von der Ronneburg nach Marienborn.

Zu jeder Jahreszeit lohnt sich ein Spaziergang auf der historischen Reffenstraße.

Lorbach: Wanderung zur Hardeck

Die Kirche am Haag. Das zugehörige Kirchspiel umfasst Diebach am Haag, Lorbach und Vonhausen. Bis 1261 stand hier eine Kapelle.

In Zusammenhang mit der fränkischen Besiedlung der Wetterau wird Lorbach bereits 775 erwähnt. Eine weitere Nennung erfolgte 1261, als Nonnen eine Mühle in Wolf (bei Büdingen) gegen eine solche in Lorbach tauschten und eine geistliche Stiftung (Kapelle) auf dem späteren Herrnhaag, der Anhöhe, die die Tallandschaft von Seemenbach und Fallbach scheidet, gründeten.[21] Dort steht die Bergkirche. Lorbach besitzt schöne alte Hofreiten und ein Schulgebäude aus dem Jahr 1897. Von Lorbach aus bietet sich eine Wanderung hoch zur Burgruine Hardeck an, die die Ronneburg mit 59 Metern im Hügelland »überragt«. Ausgangspunkt ist das im Tal gelegene Sportgelände. Der Weg führt zu den unter Naturschutz stehenden Teichanlagen. Von dort biegen wir auf dem Fußweg links ab und folgen dem Weg am Waldrand aufwärts zum Burgstall auf der Hardeck. Um zur höchsten Bergkuppe zu gelangen, muss der Wanderer zunächst eine große Wallanlage umgehen, die einen Umfang von über 300 Metern hat. Erstaunlich ist die Tiefe des Wallgrabens, der gut erhalten ist und nach Norden teilweise sieben bis neun Meter tief ist. Der Gedanke an eine vorgeschichtliche, keltische Fliehburg liegt nahe, insbesondere wenn man bedenkt, dass der Glauberg und der Basaltkegel der Ronneburg in Sichtweise liegen. Man kann nach Westen über die Wetterau bis zum Taunus sehen und nach Osten in den Vogelsberg und in die Rhön, im Süden erkennt man den Spessart. Die Wallanlage liegt auf der Ecke eines bewaldeten Bergrückens aus Basaltgestein, der sich etwa sieben Kilometer von Süden her, von Ronneburg-Hüttengesäß aus nach Norden bis Lorbach zieht.

Blick in die Kirche am Haag. Rechts der Herrnhuter Stern

Da die vorgeschichtliche und mittelalterliche Reffenstraße unweit auf der benachbarten Höhe vorbeiläuft, eignete sich die Hardeck, ebenso wie die Ronneburg im Süden, gut dazu, die Benutzung des wichtigen Handelswegs zu überwachen. Das harte Basaltgestein und die Randlage sind möglicherweise Namensgeber für den Bergkegel Hardeck am nördlichen Eck des Höhenzugs.

Der Name Hardeck weist auch darauf hin, dass da oben eine Burg stand. Tatsächlich findet man im Innern der Wallanlage noch Mauerreste aus Basalt-Buckelquadern und gebrannte Scherben von mittelalterlichen Dachziegeln, die auf eine Burg hinweisen. An der Südseite, am Eingang in die Wallanlage, wurde eine schwarz gebrannte Tonscherbe gefunden, vermutlich aus der keltischen Zeit, 500 vor Christus. Die archäologische Forschung hat diesen Bergkegel der Hardeck bis heute noch nicht erreicht, sie liegt daher, wie auch die Vorgeschichte der Ronneburg, im geheimnisvollen Dunkeln.

Über die mittelalterliche Geschichte der Hardeck erfahren wir aus dem Buch von Walter Nieß einiges mehr: Der Name Hardeck taucht erstmals im Zusammenhang mit Graf Dietmar von Hardeck und seiner legitimen Gattin Adelheidis auf. Sie stifteten im Jahr 1108 das Kloster Selbold und sind auch die Gründer der Bergkirche in Gründau in dieser Zeit. Im Jahr 1217 hat eine Gräfin Gisela von Hardeck die Bergkirche dem Kloster Selbold übertragen. Gräfin Gisela ist eine Verwandte von Kaiser Friedrich II. von Hohenstaufen, der damals noch König ist.

Mauerreste der Burg Hardeck

Auf den Spuren von Graf Dietmar von Hardeck

Auch im 14. Jahrhundert finden sich einige Hinweise auf den Namen Hardeck. So leistete Heinrich von Ysenburg mit seiner Gattin Adelheid von Hanau-Münzenberg 1367 ein Zahlungsversprechen an Ulrich von Hanau für seine Schuld von 1450 Gulden. Als Sicherheit wurde dabei »Haus Hardeck« als Unterpfand eingesetzt. Die damals gut erhaltene Burg sollte mit einem Amtmann, einem Pförtner und Wächtern besetzt sein. Als weitere Sicherheit zur Rückzahlung wurden vier Ysenburger Ritter und Edelknechte als Geiseln benannt. Obwohl die Verpfändung unter Verwandten geregelt wurde – Ulrich von Hanau ist der Bruder von Adelheid von Ysenburg – war man sehr auf Sicherheit der Rückzahlung bedacht.

Im 15. Jahrhundert bestätigt eine Mitteilung, dass die Burg noch besetzt gewesen ist, denn ein gewisser Hans Ilgen liefert seinem Sohn für die Pferde und das Vieh auf der Hardeck Heu. Mit dem Umzug des letzten Amtmannes Eckart Riedesel nach Büdingen wurde die Burg als Dienstsitz aufgegeben.

Ein Problem auf der Hardeck war schon immer die Wasserversorgung. Das Wasser musste unterhalb des Berges aus der Lorbach-Quelle geschöpft und mühsam ungefähr zwei Kilometer auf die Burg transportiert werden. Seit 1471 ist die Burg nicht mehr bewohnt und dem Zerfall ausgesetzt.

Die Hardeck spielt auch bei den Aussagen in den Büdinger Hexenprozessen eine Rolle. Der Sage nach lebte auf der Hardeck in einem Zimmer auch eine Hexe. Es ist bekannt, dass der Hexenwahn, der ganz Europa überzogen hat, auch vor der Grafschaft Büdingen nicht stehen geblieben ist. Tatsache ist, dass das Gericht in Eckartshausen in der Zeit von 1590 bis 1601 unzählige Menschen aus benachbarten Dörfern zum Tod verurteilt hat.

Möglicherweise haben auf der Hardeck einige Gebäude noch länger dem Zerfall standgehalten, denn der Herrnhuter Graf Nikolaus von Zinzendorf (auf Herrnhaag von 1738 bis 1748) soll »in« der Hardeck sein Testament geschrieben haben. Bald danach, nach dem Siebenjährigen Krieg (1756 bis 1763), wurde die Burg 1797 von den Österreichern geschleift, die mit den Steinen eine Straße von Büdingen nach Altwiedermus bauten. Das noch vorhandene Steinmaterial weckte das Verlangen der Bauern aus den umliegenden Dörfern Calbach, Lorbach und Diebach am Haag. So bittet Johannes Eckert aus Diebach am Haag 1809, die erforderlichen Steine in der Hardeck und in der Ronneburg brechen zu dürfen, ebenso Georg May und Michael Weiß aus Diebach am Haag. Das Mauerwerk bestand aus Basaltsteinen, die ursprünglich auf der Hardeck für den Burgbau gefördert wurden.

Wappenstein über dem Toreingang des Schlosses Büdingen

Wappen in der Ronneburg: Die Grafen von Hardeck, die Grafen von Büdingen

Das Löwen-Schild in der Mitte des Ysenburgischen Wappens soll die Abstammung der Ysenburger von den Grafen von Hardeck symbolisieren, denn Kaiser Karl V. erteilte 1547 in Augsburg die Genehmigung, dass Anton von Ysenburg-Ronneburg den Hardecker Löwen im Wappen führen durfte. Der Löwe des Herzschildes ist ein Amtswappen, das die Ysenburger im Auftrag der Staufer für ihre Vasallendienste führten. Die Wappen der Herren von Hardeck und der Herren von Büdingen stimmen genau überein. Beide haben einen aufsteigenden goldenen Löwen im blauen Feld. Sowohl auf der Ronneburg als auch im Schloss Büdingen finden wir die Wappen mit dem Löwen oder mit zwei Löwen in mehreren Varianten. Über dem Toreingang des Schlosses Büdingen ist ebenfalls ein schöner Wappenstein mit Löwen und »aufgeworfenem Schwantz« sichtbar, ebenso im Innenhof des Schlosses.[22] Eine besondere Entdeckung war 2006 das Wappen von Wolfgang von Ysenburg-Ronneburg und seiner Gemahlin Johanna von Hanau-Lichtenau in einem Schlussstein des Gewölbes im Herrengemach, das die original heraldische Farbigkeit in gelb, orange, blau mit dem gelben Löwen im blauen Feld des Herzschildes zeigt (siehe S. 32). Es bestehen also mehrfache Hinweise, daß die Dynasten der Ronneburg-Ysenburger Linie mit den Herren von Hardeck in enger Verbindung standen und verwandt waren.Während der Wanderer in seiner Fantasie die alten Kelten hinter ihrem Ringwall und die Burgmannen der im 13. Jahrhundert ausgestorbenen Grafen von Hardeck noch vor seinen Augen hat, bringt ihn sein Fuß auf dem harten Basalt wieder auf den Boden der Wirklichkeit zurück zum Ausgangspunkt der Tageswanderung, entweder den gleichen Weg zurück oder über den Waldhöhenrücken vorbei am »Langen Berg« Richtung »Grauer Stein« nach Herrnhaag.

Unten: Löwe und Sparren

Grenzsteinwanderungen

Wer bei Spaziergängen in unseren Wäldern im Ronneburger Hügelland einen alten Grenzstein bemerkt, wird damit zunächst meist wenig anfangen können. Jeder Grenzstein ist jedoch von historischer Bedeutung, auch wenn er heute keine Funktion mehr hat.

Die Römer markierten ihre Reichsgrenze durch den Limes. Die Germanen nutzten zur Markierung ihrer Stammesgrenzen Pfahlhecken, sehr zum Ärger von Julius Cäsar, der das undurchdringliche Dickicht sehr hinderlich empfand für seine Reiterei. Diese Grenzen nannte man auch Landwehren. Im 14. Jahrhundert wurde es üblich, Herrschafts- und Gemarkungsgrenzen mit Steinen zu markieren. Im 18. Jahrhundert wurden in die Grenzsteine die Jahreszahlen der Steinsetzung und die laufenden Nummern eingemeißelt. Es wurden darüber Protokolle und Urkunden geführt. Hohe Strafen, bis zur Todesstrafe, wurden dem angedroht, der einen Grenzstein zerstörte oder versetzte. Der Grenzfrevel wird schon in der Bibel verurteilt, Im 5. Buch Mose, 27, Vers 17, heißt es: »Verflucht sei, wer seines Nächsten Grenze engert!« Eine Gerichtsordnung in Franken legte fest: »... einer der markstein wissentliche ausgrebt, den selben soll man in die erden graben piss an den hals!« Und noch Schlimmeres wurde angedroht.

Heute unterliegen die historischen Grenzsteine dem hessischen Denkmalschutzgesetz. Eine Ordnungswidrigkeit kann mit einer Geldbuße bis zu 25 000 Euro geahndet werden! Wer darüberhinaus vorsätzlich oder fahrlässig dagegen handelt, kann mit einer Strafe bis zu 500 000 Euro belegt werden. Das gilt insbesondere auch gegen die rechtswidrigen Raubgrabungen.

Wir Wanderer im Ronneburger Hügelland sind davon aber nicht betroffen. Vom Aufsuchen, Anschauen oder zufälligen Fund eines Grenzsteines geht nichts kaputt. Vielmehr vermittelt die Grenzsteinwanderung in Verbindung mit Messtischblatt und historischer Literatur[23] interessante Informationen über die Heimatgeschichte. Unser Vereinsmitglied Willi Daniel hat im Ronneburger Hügelland zahlreiche historische Grenzsteine ausfindig gemacht, fotografiert und den geschichtlichen Hintergrund erforscht und auch »Schicksale« von Grenzsteinen beschrieben.

Besonders im Winter lohnt sich eine Grenzsteinwanderung, da dann die Steine besser zu sehen sind.

Die Grenze zwischen dem Königreich Preußen und dem Großherzogtum Hessen-Darmstadt

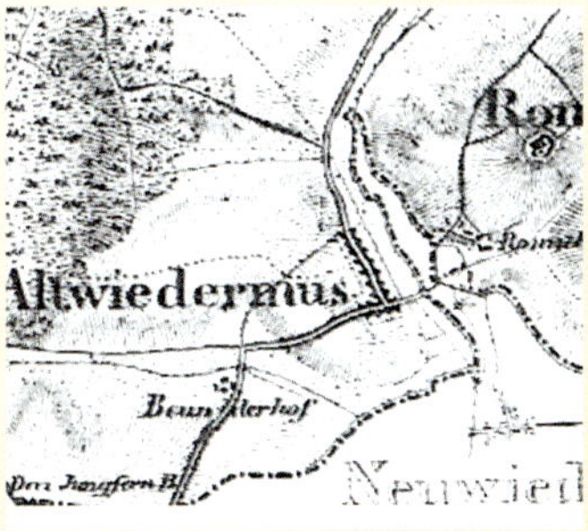

Mitten durch die heutige Ronneburger Gemarkung verlief eine für die hessische Geschichte bedeutsame Grenze. Hüttengesäß und Neuwiedermuß gehörten zur Grafschaft Hanau, Altwiedermus zur Grafschaft Ysenburg-Büdingen.
Nach den Grafen von Hanau hatten ab 1742 die Landgrafen, später, ab 1803, die Kurfürsten von Hessen-Kassel das Sagen in Hüttengesäß und Neuwiedermuß, ihnen folgten ab 1866 das Königreich Preußen. Altwiedermus gehörte ab 1816 zum Großherzogtum Hessen-Darmstadt.
Selbst als nach 1945 das Land Hessen entstanden war, gehörten die Gemeinden noch unterschiedlichen Kreisen an: Altwiedermus wurde von Büdingen aus, Neuwiedermuß und Hüttengesäß von Hanau aus verwaltet.
Der Kartenausschnitt zeigt den Grenzverlauf auf eine Karte des Großherzogtums Darmstadt aus dem Jahr 1866. Der obere Teil gehörte zu Darmstadt, der untere, weitgehend weiß gelassene zu Hessen-Kassel. Auffällig ist der das Darmstädter Gebiet trennende kurhessische Zipfel im Fallbachtal. Er diente dazu, die Wasserversorgung für die im kurhessischen Gebiet liegende Ditzel-Mühle sicherzustellen.

Diesen Grenzverlauf erkennt man auch an den Grenzsteinen, die man im Wald Richtung Marköbel und Mittelgründau noch recht häufig finden kann, im Feld sind diese Steine allerdings nur noch am Weg zum Jugendzentrum und in der Dachsdalle bei Neuwiedermuß zu sehen. Sie sind aus Büdinger Sandstein gefertigt. Steif, militärisch ist auf der einen Seite KP für das Königreich Preußen, auf der anderen Seite geschwungen und elegant GH für das Großherzogtum Hessen eingemeißelt. Ursprünglich stand an Stelle des KP für Königreich Preußen ein KH für Kurfürstentum Hessen. Man kann deutlich erkennen, dass der Stein nachträglich umgearbeitet wurde. Im oberen Teil wurde das ursprüngliche KH abgetragen und dafür KP eingemeißelt. Auch die Nummerierung unterhalb der Zahl 1844 wurde unkenntlich gemacht und die neue Nummer an der Seite angebracht. Diese Änderung geschah nach 1866, als Kurhessen von Preußen annektiert worden war und deshalb die seit 1821 bestehenden Landkreise Schlüchtern, Gelnhausen und Hanau sowie auch die freie Reichsstadt Frankfurt preußisch wurden.

Grenzstein Isenburg-Hanau (1727)

Die wenigen noch vorhandenen Steine am langen Weg zwischen der Marköbeler Straße und dem Ravolzhäuser Feld sind nicht, wie sonst üblich, aus Sandstein, sondern aus dem örtlichem Schwarzhaupt-Basalt. Sie wurden vielleicht vor Ort hergerichtet und beschriftet. Die Steine tragen leider keine Jahreszahl, wurden aber wahrscheinlich 1727 gesetzt. Sie markierten einst die Grenze zwischen Isenburg-Birstein/Langenselbold und der Grafschaft Hanau.

Der Stein ist ein Prachtexemplar und steht noch auf Höhe des Jungen Waldes, dort wo die Grenze ein Stück vom Wege abweicht.

Dreimärker: Schicksal eines Grenzsteins (1723)

An der Grenze von Hüttengesäß, Gründau und Langenselbold stand lange Zeit ein sogenannter Dreimärker. Auf der Hüttengesäßer Seite konnte man über der Jahreszahl 1723 ein »W« lesen, wahrscheinlich für Amt Wächtersbach, und darunter ein »H« für Hüttengesäß. Die »12« befand sich auf der Langenselbolder Seite. Auf der Gründauer Seite trug der Stein ein »G«, dazu ein »A« mit einem eingefügten »M«. Dies könnte man mit »Amt Meerholz« deuten, es kann aber auch ein Steinmetzzeichen sein. Unter der Jahreszahl 1723 befand sich ein »N« für Niedergründau.
Die Aufnahmen links und in der Mitte stammen aus dem Jahr 2004; 2007 war nur noch ein kläglicher Rest (rechts) auffindbar.

Grenzstreitigkeiten zwischen Altwiedermus und Hüttengesäß im Häuserwald

Die Gemeinde Hüttengesäß hatte mit Neuwiedermuß seit alter Zeit ein gemeinsames Nutzungsrecht am umfangreichen Wald des Eckartshäusers Gericht.
Im Jahr 1475 erließ Ludiwg II. von Ysenburg, Graf zu Büdingen, eine Waldordnung. Darin wird ein Teil des Eckhartshäuser Waldes den Gemeinden Hüttengesäß mit Neuwiedermuß zur Nutzung zugesprochen. Diese Nutzung ist nicht immer problemlos verlaufen, die Akten berichten von häufigen Streitigkeiten.
Als in den Jahren 1864 bis 1867 der Wald unter den zum Eckartshäuser Gericht gehörenden Gemeinden aufgeteilt wurde, erhielt Eckartshausen 622 Morgen, Altwiedermus aber nur 293 Morgen, denn der von Hüttengesäß genutzte Teil von 230 Morgen wurde Altwiedermus angerechnet und der Gemeinde Hüttengesäß für 99 Jahre zur Nutzung überlassen. Die damalige Absteinung des Häuserwaldes mit einem »H« für Hüttengesäß scheint in Altwiedermus nicht gefallen zu haben. Auf fast allen Steinen wurde das »H« in ein »A« umgewandelt, so auch bei dem abgebildeten Stein in der Nähe des Wasserhochbehälters.

Grenzstein Ysenburg-Meerholz (1725)

Den rechts abgebildeten Stein findet man an der Hohen Straße im Wald zwischen dem Eckartshäuser und Diebacher Feld, genau an der nördlichsten Grenze der heutigen Gemeinde Ronneburg. Der Stein trägt keine Jahreszahl. Das »YM« bedeutet wahrscheinlich »Ysenburg-Meerholz«. Nachdem 1725 die Ysenburg-Marienborner Linie ausgestorben war, wurde das dazugehörende Gericht Eckartshausen und somit auch der Gerichtswald Eckartshausen durch Erbteilung von Ysenburg-Meerholz übernommen. Vermutlich stammt der Stein aus jener Zeit.

Grenze Unterer Gerichtswald (1824)

Dieser einzelne Stein steht an der Grenze des ehemals Hain-Gründauer Waldteiles und dem Diebacher Feld. Der Ronneburger Gerichtswald wurde vor seiner Aufteilung in den Jahren 1824 bis 1836 von allen umliegenden Ysenburger Orten gemeinsam genutzt, so auch von Bürgern aus Büdingen und Langenselbold. Das große »B« könnte »Büdingen Stadt« bedeuten und die drei Buchstaben »U G W« vielleicht mit »Unterer Gerichtswald« gedeutet werden. Der Untere Gerichtswald war aus Büdinger Sicht der Hardeck-Wald oder gar der Büdinger Wald.

Herrnhaag

Der Herrnhaag während der Renovierungsarbeiten 2007 Das Bild links unten zeigt den Bauzustand um 1950.1959 wurde der Verein der Freunde Herrnhaag gegründet, der die beiden Häuser und den Gottesacker erwarb. Von 1960 bis 2007 wurden Sicherungsarbeiten an Grafen- und Schwesternhaus durchgeführt.

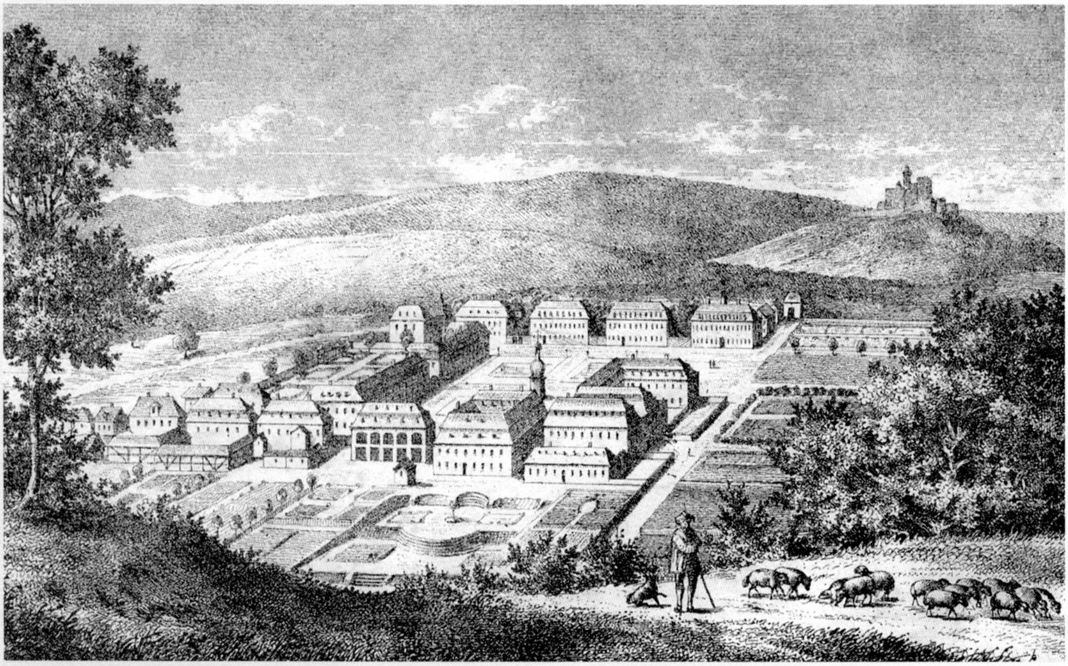

Der Herrnhaag 1750. Über tausend Personen lebten in den achtzehn Häusern, die in Blickweite der Ronneburg in nur wenigen Jahren errichtet worden waren.

Graf Zinzendorf und die Herrnhuter Brüder

Zu den Glaubensflüchtlingen auf der Ronneburg gehörte auch die protestantische Herrnhuter Brüdergemeine unter Führung von Graf Zinzendorf. Diese Brüdergemeine war 1736 von König Friedrich August aus dem katholischen Sachsen wegen »Verbreitung falscher Lehren« ausgewiesen worden und fand zunächst auf der Ronneburg eine Zuflucht. Aufgrund der beengten Verhältnisse (und weil sie es sich leisten konnten) zogen sie weiter nach Lindheim und Marienborn bei Eckartshausen. Im Jahr 1738 erwarb Graf Zinzendorf vom Landgrafen Casimir I. von Ysenburg-Büdingen bei Diebach am Haag ein großes Gelände, auf dem er im Verlauf von zwölf Jahren insgesamt 18 Barockgebäude errichtete. Vier davon – darunter das ehemalige Schwesternhaus und die Lichtenburg – sind noch erhalten und werden restauriert.
Die Anlage der Siedlung Herrnhaag bewies Fleiß, handwerkliches Können, Gemeinsinn und Frömmigkeit – wesentliche Grundzüge der Herrnhuter Glaubensgemeinschaft. Die Gemeinschaftsgebäude waren um einen quadratischen Platz angeordnet, dessen Mittelpunkt der Brunnen ist. Ein Kirchengebäude gab es bei den Herrnhutern nicht. Stattdessen diente das, so Zinzendorf, »große Wohnzimmer« der Gemeine in der Lichtenburg für Versammlungen und Gottesdienste.

Büste des Gründers der pietistischen Glaubensgemeinschaft aus dem sächsischen Herrnhut: Ludwig Graf von Zinzendorf. Er kam mit seinen Anhängern in die Wetterau, wo ihm die Grafen von Ysenburg-Büdingen Glaubensfreiheit und Bleiberecht gewährten. In der Lichtenburg wurde der große über zwei Stockwerke gehende Versammlungssaal errichtet, in dem sämtliche Bewohner des Herrnhaags bei Zusammenkünften Platz fanden.

Der Herrnhaag war damals der Weltmittelpunkt der diakonischen und missionarischen Aufgaben der Gemeine. Hier wurden sechshundert Missionare ausgebildet. Sie zogen in alle Welt, nach Amerika, Afrika, Grönland, Persien, wo sie in fünfundzwanzig Sprachen die frohe Botschaft von Christus predigten. Nicht das benediktinische »Ora et labora« war Inhalt ihrer Mission, sondern umgekehrt, mit Arbeiten und Beten halfen sie vielen Menschen in fernen Ländern.
Zu den geschickten Handwerkern auf Herrnhaag gehörte Abraham Röntgen (1711 bis 1793). Er war Kunstschreiner und fertigte Schreibtische, Sekretäre und Schränke für den gehobenen Bedarf der Adelshäuser, kunstvoll veredelt mit Nussbaum-, Zwetschgen- und Rosenholz-Intarsien. Dabei waren immer Geheimfächer mit technischen Raffinessen eingebaut. Sein Sohn David Röntgen (1743 bis 1807) wurde auf Herrnhaag geboren. Er folgte seinem Vater in dieser Handwerkskunst und erweiterte den Kundenkreis in hohe Adelskreise: Fürst Metternich, die Landgrafen von Hessen, König Friedrich II. und der preußische Thronfolger Friedrich Wilhelm II. gehörten zum Kreis seiner Kunden. Er belieferte sogar die Zarin Katharina in Sankt Petersburg.
Auf Herrnhaag lebten im Jahr 1750 über tausend Personen. Für die Büdinger Regierung und auch für die Büdinger Handwerker und Geistlichen waren die Herrnhuter durch ihre wirtschaftliche Autonomie und ihre vielen Besucher aus aller Welt zu einem unkontrollierbaren Fremdkörper geworden.
Nach einem Regierungswechsel in Büdingen verlangte der neue Landgraf Gustav Friedrich von Ysenburg-Büdingen vom Grafen Zinzendorf die Aufgabe der bisherigen Privilegien und Kirchenrechte binnen drei Jahre. Diese Auflagen nötigten die Herrnhuter Brüdergemeine, die Siedlung noch im gleichen Jahr 1750 zu verlassen.

Da keine neuen Bewohner gefunden werden konnten, diente die Siedlung den umliegenden Gemeinden in der Folge als Steinbruch und zerfiel sehr schnell.

Durch Herrnhaag führt die Reffenstraße in Richtung Fulda. Vor der Lichtenburg wurde ein Teil dieser Straße freigelegt. Im Straßenverlauf ist in der Ferne die ehemalige St.-Peter-Kirche bei Diebach am Haag (heute Kirche am Haag) zu erkennen. Auf ihrem alten Friedhof befinden sich Grabsteine aus der Barockzeit. Auf der Höhe von Diebach am Haag, an

Auf Herrnhaag sollte man sich die Besichtigung des geschichtsträchtigen Ortes nicht entgehen lassen. Wir gehen Hang abwärts und besuchen den Gottesacker der Herrnhuter aus dem Jahr 1748. Ein Grabmal erinnert an 429 Mitglieder der Brüdergemeine, die in den Jahren 1736 bis 1772 auf dem Gottesacker der Brüdergemeine zu Herrnhaag begraben wurden. Hier ruhen die Gebeine von »Heinrich XXIX., Graf Reuss Ebersdorf, Schwager des Grafen Zinzendorf, gest. 1747, Martin Dober, Töpfer und besonders gesegneter Lehrer der Gemeine zu Herrenhut, gest. 1748, Christian Mamucha, ein Armenier, Christine Zedman, eine Perserin, zwei Negerinnen, Anna Maria und Maria, drei Kinder des Grafen Zinzendorf, Christian Ludwig, gest. 1739, Anna, 1738 gest., David, gest. 1742, und drei Negerkinder David, Anna Gratia und Johannes.« Der größte Teil des Gottesackers oberhalb der heute noch vorhandenen fünfzehn Grabplatten wurde 1813 als Lager für Napoleons Truppen benutzt und danach in Ackerland umgewandelt.

der Stelle der heutigen Kirche, haben sich im Jahr 1286 Klosterfrauen angesiedelt. Es stand dort eine Kapelle. Wegen Wassermangel erwies sich diese Klostergründung als nicht tragbar, weshalb die Verlegung des Klosters in den Talgrund von Marienborn veranlasst wurde (siehe S. 124f.).[24]

Backhausfest in Diebach am Haag

Herbert Gerlach im historischen Gewand

Kuchenverkauf beim Backhausfest

Diebach am Haag ist ein altes Dorf mit schönen Fachwerkhäusern. Es wurde erstmals 1261 im Zusammenhang mit der Klostergründung auf dem Herrnhaag genannt. Diebach am Haag gehört zur Pfarrgemeinde Lorbach, Herrnhaag und Vonhausen. Sehr früh besaß es ein Schulhaus.

Alljährlich im September veranstalten die »Däibischer« ein großes Backhausfest, das die Ronneburger Hügelländer und die auswärtigen Gäste kaum erwarten können. Das über hundert Jahre alte Backhaus wird schon mehrere Tage vorher angeheizt. Der Sauerteig muss gut vorbereitet und geknetet werden, damit dann Karl Heinz Engel die Teigportionen in den heißen Ofen einschießen kann. Die fertigen Brote erhalten einen leichten Salzaufstrich, um Glanz zu bekommen. Nach dem Backen der Brote werden bei herunter gefahrener Hitze die Zwetschgen-, Streusel- und Apfelkuchen eingeschoben. Auch für die Schweinshaxe muss am Schluss noch genügend Temperatur zum Braten da sein. Gutes Wetter vorausgesetzt, kommt auf der Hofreite immer ein schönes Fest in Gange, zu dem alle Bürger und Besucher herzlich eingeladen sind. Petra Jeckel verkauft die Kuchen, und Herbert Gerlach aus Altwiedermus bringt mit Glocke und Leiterwagen die knusperigen Laibe unter die Leute.

Die Rüdigheimer Dorfkirche, ein Juwel der Frühgotik

Wanderung nach Rüdigheim

Wir wandern von Hüttengesäß aus auf dem Basaltausläufer des Hügellandes über den Steinrücken Richtung Westen und überqueren nach etwa einer Stunde den Limes-Abschnitt Marköbel/Rückingen mit der Limes-Wegmarkierung. Sobald wir den Hügel hinter uns haben, grüßt uns in der Ferne schon die Spitze der Kirche zu Rüdigheim.
Die erste urkundliche Erwähnung der Rüdigheimer Dorfkirche erfolgte 1235. Den Baubeginn der Kirche muss man aber früher, um 1100 ansetzen, darauf deutet der romanische Taufstein vor der Sakristei hin. Die Kirche in Rüdigheim mit ihrem wunderschönen gotischen Kreuzgewölbe gehört damit zu den ältesten Dorfkirchen im Hanauer Land. Sie ist der heiligen Maria geweiht. Auf der Südseite befindet sich das bemerkenswerte alte zugemauerte frühgotische Portal mit dem Johanniterkreuz.
Der Ritter Helfrich von Rüdigheim hatte 1257 dem Johanniterorden das Patronatsrecht über diese Kirche geschenkt. Solche Schenkungen erfolgten zur damaligen Zeit von den Adelsfamilien »aus Frömmigkeit und zur Heilung der Sünden«. Von den Johannitern wurde nun die nächtliche Totenmesse versprochen. Kurze Zeit nach der Schenkung (1260) wurde vom Johanniterorden neben der Kirche das Kommende-Gebäude mit Gutshof auf den heutigen Umfang errichtet.[25]

Eingang zur Rüdigheimer Kommende

Altes Kirchenportal auf der Südseite

Das Wappen eines Komturs von 1670 mit der Buchstabenfolge »F K G S S J O R C Z R« sehen wir über dem Hauptportal der Kommende an der Ostseite. Sie bedeutet nach Gerhard Bott »Freiherr Korf genannt Schmysing Sankt Johannes Ordensritter Commenthur zu Rüdigheim«. An der Nordseite der Kommende ist das Wappen des Komturs Berhard Niclas von Metternich im Jahr 1710 zu erkennen. Links das Wappen des Ordens mit dem Johanniterkreuz, rechts das Wappen der Feiherrn von Metternich mit den drei Pilgermuscheln.

Die Ritterfamilie von Rüdigheim war durch fruchtbare Ländereien in der Wetterau sehr vermögend, zeitweise war sie auch Besitzer der Ronneburg. Im Jahr 1313 wird Helfrich von Rüdigheim in einer Urkunde zum »Großmeister des Johanniterordens in Deutschland« ernannt. Rund um die Innenwand der Kirche sind zwölf Johanniterkreuze gemalt, stellvertretend für die zwölf Apostel. Die acht Zacken des Kreuzes symbolisieren die acht Länder, die acht Zungen, aus denen die Johanniter her kommen.[26]

Der Ursprung des Johanniterordens geht auf die Gründung eines Spitals für Pilger in Jerusalem zurück, für das Kalif al Mustansir im Jahr 1048 die Erlaubnis erteilte. Das Hospital wurde dem heiligen Johannes dem Täufer geweiht. Als der eigentliche Gründer des Johanniterordens gilt Meister Gerhard im Jahr 1099: »Unsere Bruderschaft wird unvergänglich sein, weil der Boden, auf dem sie wurzelt, das Elend der Welt ist, und es wird, so Gott will,

Schmucke Barockorgel in der Rüdigheimer Kirche

immer Menschen geben, die daran arbeiten, dieses Leid geringer und dieses Elend erträglicher zu machen.« Nachdem der ursprünglich rein karitative Orden unter dem Einfluss des ersten Kreuzzuges auch militärische Aufgaben übernahm, nannten seine Mitglieder sich Johanniter. Das leuchtende Weiß des Johanniterkreuzes soll an das Licht des Glaubens erinnern. Es wurde zum Wappen des Johanniterordens und wurde in Friedenszeiten auf einem schwarzen Mantel getragen und im Krieg auf einem roten. Kaiser Karl V. überließ die Insel Malta den Johannitern als Lehen, nachdem sie Rhodos 1530 im Kampf gegen die Türken verloren hatten. Die Ritter nannten sich nun Malteser. Als Napoleon kampflos Malta vereinnahmte, wurde der Orden aufgelöst.

1550, nach Einführung der Reformation, wurde die bis dahin selbständige Kommende Rüdigheim aufgelöst, der Komtur von Frankfurt unterstellt und von dort aus verwaltet. Das Hofgut in Rüdigheim wurde 1803 säkularisiert und Hessische Staatsdomäne. 1859 erfolgte die Neugründung einer Genossenschaft von evangelischen Johanniterrittern im Großherzogtum Hessen. Graf Solms-Laubach wurde hessischer Komtur. 1879 folgte die Erneuerung des katholischen Malteserordens. Beider Orden sind uns heute allen bekannt durch ihren Einsatz in der Unfallhilfe und in der Diakonie. Auf der westlichen Seite der Wetterau wurde in Niederweisel bei Butzbach 1973 das Johanniter-Krankenhaus erweitert zur Bundesschule für Johanniter-Unfallhilfe.[27]

Die Hirzbacher Kapelle von Süden aus betrachtet

Ein Besuch in der Hirzbacher Kapelle

Von Rüdigheim aus führt ein Weg zu den an der Hohen Straße gelegenen Hirzbacher Höfen mit einer romanischen Kapelle, die zu den ältesten erhaltenen Baudenkmälern Hessens gehört.
Nach dem ersten Grundriss der Kapelle gab es hier bereits eine Kirche aus der Karolingerzeit, also aus dem achten Jahrhundert. Der archäologische Befund hat jedoch den Nachweis einer zweiten Kapelle erbracht, die auf das elfte Jahrhundert zu datieren ist. Die erste schriftliche Nennung von Hirzbach ist für das Jahr 1128 belegt. Die heutige dritte Kapelle wird erstmals in einer Schenkungsurkunde von Reinhard von Hanau 1254 erwähnt. In einer weiteren Urkunde von 1365 wurde auch ein »kirchofe zu Herzpach« genannt. Die Bestattungen waren jedoch älter und konnten der karolingischen und ottonischen Zeit zugeordnet werden. Auch die anthropologische Bestimmung ergab, dass die beträchtlichen Körpermaße auf eine frühmittelalterliche Bevölkerungsgruppe schließen lassen. Beigaben wurden in den Gräbern nicht gefunden. Im Mittelalter waren es vor allem das Antoniterkloster von Rossbach und die Kommende von Rüdigheim, die reichen Gewinn aus den landwirtschaftlichen Höfen von Hirzbach zwischen dem Ronneburger Hügelland und der fruchtbaren Wetterau erwirtschaften ließen.[28]

Marköbel am Schnittpunkt von Limes und Hoher Straße

»Wilde Männer« im Fachwerk des historischen Rathauses von Marköbel

Von Hirzbach aus läuft man auf dem Radwanderweg »Hohe Straße« direkt nach Marköbel. In der Ortsmitte stehen wir vor dem schönen historischen Rathaus mit den zahlreichen »wilden Männern« und versuchen die Inschrift auf dem Fachwerk zu lesen: »JOHANN GEORG DIETZ ZIMMERMANN IN WINDECKEN: RICHTER, RICHTE RECHT, DAN GOTT IST RICHTER, UND DU BIST KNECHT; WIRSTU RICHTEN MICH, SO WIRD GOTT RICHTEN DICH. H. SCHULTH. WOLFGANG SCHRÖDEL, BAUMEISTER CASP HECK, JOST GÄRTNER ANNO 1686.« Auch die anderen Fachwerkhäuser entlang der Hauptstraße aus dieser Zeit haben reizvolle Konstruktionen. Das ist erstaunlich, da Marköbel wie Hirzbach und andere Dörfer in der Wetterau und im Ronneburger Hügelland im Dreißigjährigen Krieg niedergebrannt wurde und überall Menschen und Handwerker fehlten. In Marköbel lebten um 1640 gerade einmal zwanzig Familien. Es war wohl der unbeugsame Lebenswille der Menschen, unterstützt von einem starken Zustrom an Zuwanderern aus der Umgebung, der nach dem Westfälischen Frieden von 1648 den Wiederaufbau einleitete[29] und dessen Krönung die Errichtung dieses neuen prächtigen Rathauses im Jahr 1686 war. Zu dieser positiven Wiederaufbaustimmung hat sicherlich der »außergerichtliche Vergleich von 1680 zwischen Marköbel und der Herrschaft Hanau« beigetragen. Die Hanauer Grafen betrachtete Marköbel als Bauerndorf und forderten Frondienst und Leibeigenschaft. Die Marköbler erreichten in einem 66 Jahre dauernden

Das Untertor, früher Gelnhäuser Pforte genannt. Das Obergeschoss diente zeitweise als Gefängnis der Gemeinde.

Prozess vor dem Reichskammergericht, dass die Zwangsherrschaft der Hanauer gelockert und das eigenständige Märkergericht gestärkt wurde. Die Gerichtslade sollte im Rathaus – »wann eines gebaut sein wird« – unter Kontrolle des Schultheißen und des ältesten Schöffen verwahrt werden. Also baute man ein Rathaus!

Die Gesamtausgaben für den Bau beliefen sich auf 700 Gulden (1 Gulden = 50 Euro), sie wurden voll aus dem Gemeindebesitz, der Märkerwaldung und der Märkerweiden erbracht. Gemeinschaftsgeist hatte so ein großes Werk erstehen lassen. Daher der Spruch am Rathaus, das auch Märkergericht war.

Bei der Betrachtung von Marköbel muss man auch die Zeit um 100 bis 260 nach Christus der römischen Besiedlung würdigen. Von dem eigentlichen Römerkastell ist allerdings wenig zu sehen, da die Marköbler beim Wiederaufbau ihre Häuser und auch das Rathaus auf die festen Fundamente der römischen Gebäude gesetzt hatten. Der heutige Straßenverlauf folgt teilweise dem Verlauf der Kastellmauer. Das Kastell hatte die Form eines Rechteckes von 195 auf 162 Metern, die Fläche betrug 3,25 Hektar. Das Kastell Marköbel ist damit so groß wie die römische Kastellanlage Saalburg, zu der eine gerade Verbindungsstraße bestand. Die Besatzung des Kohorten-Kastells Marköbel umfasste 500 Mann, 120 waren Reiter. Die römische Besatzung hatte die Aufgabe, die über den Rhein hinaus vorgeschobene Ostgrenze zu schützen. Der Limes – seit 2007 Weltkulturerbe – als Wall und Graben hatte nur eine geringe militärische Schutzfunktion, er diente mehr zur Grenzmarkierung. Außerhalb des Kastells entwickelte sich ein hinter der »großen und kleinen Burg« ein Lagerdorf für die Familien der Soldaten. Dort zeigte sich ein Marktleben mit Händlern und Kneipenwirten.

Marköbel lag am Schnittpunkt von Limes und Hoher Straße. Es herrschte ein lebhafter Verkehr. Über die Fernstraße kamen Germanen aus der Gegend von Fulda und dem Vogelsberg nach Westen an den römischen Grenzverlauf, um ihre Erzeugnisse gegen Waren der Römer zu tauschen. Östlich des Untertores, zwischen Kastell und dem Grenzdurchlass, direkt am Krebsbach, befanden sich größere römische Hallengebäude für die Märkte.[30] Von dieser Stelle aus ist die Hohe Straße als Radwanderweg ausgezeichnet.

Station Weitblick auf dem Radweg Hohe Straße oberhalb von Marköbel

Am Standort der heutigen Kirche wurde 1963 ein römisches Bad entdeckt. Das Bad zeigt den typischen Grundriss der Kastellthermen, vom Sudatorium (Schwitzbad) zum Frigidarium (Kaltwasser) und zum Caldarium (Warmwasser) mit der Hypokaustheizung (Bodenheizung). An einer eingefassten Quelle am Fuße des Steinkopfes wurde eine römische Wasserleitung gefunden, die für das Bad die Wasserversorgung sicher stellte. Das Wasser kam von außerhalb der ehemaligen römischen Grenze.[31] Bei der Erweiterung des Friedhofes wurden 1983 zahlreiche Keramikgefäße gefunden (siehe S. 170). Der römische Name des Kastells ist bis heute nicht bekannt.
Zur Namensgeschichte von Marköbel berichtet die Geschichtsforschung: Im Jahr 839 übergab Ludwig der Fromme seinem getreuen Aeckart Güter in »Cavilla«. 1057 schenkte König Heinrich IV. seinem Diener Kuno von Arnberg Güter in »Kebella«. Bereits 1220 verlegte Kaiser Friedrich II. den Markt von »Marköbel« nach Gelnhausen.

Angleridylle am Hasselweiher

Unten: Eingang zur fürstlichen Domäne

Zur Bergkirche in Niedergründau

Zur Bergkirche nach Niedergründau bietet sich eine schöne Wanderung durch den Ronneburger Wald an. Auf dem Altwiedermuser Weg führt die Strecke an den Hügelgräbern auf dem Franzosenkopf vorbei zum Hasselweiher. Dort kann man gegen Gebühr angeln. Weiter geht es zur fürstlichen Domäne von 1687 in Mittelgründau und von dort den Schieferberg hoch zur Bergkirche von Niedergründau. Vor dem Hintergrund des Spessarts mit der Erhebung des Hahnenkamms erkennen wir wegen des Waldbewuchses nur die Spitze der Bergkirche von Niedergründau mit dem wuchtigen Westturm. Um so schöner ist die Ansicht von der Nordseite auf dem Aquarel des Lehrers Johannes Karpenstein, das aus Anlass der Hochzeit der Jungfrau Katharine Emmel mit Herrn Wilhelm Schneider am 5. Januar 1862 von dem mit der Familie befreundeten Germanisten und Märchensammler Jacob Grimm als Hochzeitsgruß überreicht wurde (Abbildung siehe S. 153).

Das Kirchenportal des wuchtigen Westturms der Bergkirche von Niedergründau wird von einer Jakobsmuschel abgeschlossen. Der Keltenkopf ist auf der rechten Turmseite eingemauert.

Blick von Süden: Die Niedergründauer Bergkirche mitten in Streuobstwiesen

Die heutige Bergkirche wurde 1838 erbaut. Die Fundamente der ersten Kirche stammen aus dem 12. Jahrhundert, das Fundament des Turmes datiert aus der Zeit von 1150 oder früher. Graf Dietmar von Hardeck und seine Frau Gisela stifteten im Jahr 1217 die Bergkirche bei Niedergründau dem Kloster Selbold.[32] Sie war dem heiligen Peter geweiht und heißt deshalb Peterskirche. In einer Urkunde Friedrichs II. von Gottes Gnaden römischer König von 1217 wird bestimmt, dass die Pfarrkirche zu Gründau in den Besitz der Klosterkirche zu Selbold gelangen soll. Erstmals wird 1260 das Gericht Gründau »iudicium Grindaha« genannt. Gerichtsort war der Berg Niedergründau. Dort lag auch die Pfarrei, deren Kirchspiel sich mit dem Sprengel des Gerichtes deckte. Die Hochgerichtsstätte war der Galgenberg auf der Höhe zwischen Niedergründau und Rothenbergen.
Der Name »Grindaha« weist in seiner Siedlungsgeschichte schon auf die frühe Zeit der Alemannen, also nach dem Fall des Limes im Jahr 260 und später in die Zeit der Franken im Jahr 600 nach Christus hin.[33] Die Jakobsmuschel über dem frühgotischen Portal belegt, dass die Bergkirche an einem Zubringer zum Jakobsweg liegt. Der am Turm eingemauerte Kopf kann ein Keltenkopf sein, Fachleute sprechen von einer langobardischen Kopfform.[34] Nach der Sonnenuhr von 1725 können Sie Ihre Uhr genau stellen, bitte Sommerzeit beachten!

Hochzeitsgruß

Herrn Wilhelm Schneider
und
Jungfrau Katharine Emmel zu Marköbel
an ihrem Vermählungstage dem 5. Januar 1862 aus Freundschaft dargebracht von
Jacob Grimm (1785 bis 1863)[35]

Schön ist der heil'ge Ehestand,
Wenn Liebe uns in ihm verband;
Nur dann blüht Gottes Vatersegen
Uns immerdar auf allen Wegen.
Euch sey denn Friede, Glück und Heil,
Auf Erden stets das beste Theil
In Eurem ganzen Ehebunde
Bis zu des Lebens letzter Stunde.
Doch wollt Ihr wahrhaft glücklich seyn
So wandelt stets der Tugend Pfade,
Erhaltet Herz und Leben rein
Durch Gottes Kraft und Gnade:
Reich, wie an Gütern dieser Zeit,
Seyd Ihr dann auch an Seligkeit.

O Freunde, darum lasset nicht
Von eurem Gott Euch scheiden.
Erfüllet treulich Eure Pflicht,
In Freuden, wie in Leiden,
Mit christlicher Zufriedenheit,
Wie Gott der Vater es gebeut
Mit Jesus gehet aus und ein,
Mit ihm bleibt treu verbunden;
Er ist ja unser Trost allein
In gut' und bösen Stunden.
Lebt glücklich denn im Herrn vereint,
Der's gut mit seinen Kindern meint;
Ja glücklich stets in dieser Zeit
Und selig einst in Ewigkeit!

»Raubritter« im Rosengarten von Dr. Helmut Rückriegel in Niedergründau

Das Gründautal hat viele Feuchtbiotope, die unter Naturschutz stehen. Ein großer Teil ist Landschaftsschutzgebiet. Das wird auch von den Störchen honoriert, hier in der Nähe der Geisfurtmühle.

Auf Goethes Spuren die Alte Leipziger Straße entlang

Das ehemalige Gasthaus zum Faß

Das Ronneburger Hügelland flacht sich nach Süden in die Niederungen des Kinzigtals ab. Durch dieses Tal führte der alte Handels- und Reiseweg zwischen den Messestädten Frankfurt und Leipzig, heute die Autobahn A 66 und eine Schnellbahntrasse.

Die Handelsstraße wurde schon in der Vorgeschichte in West-Ost-Richtung genutzt. Sie führte von Langenselbold kommend an den damaligen Weinbergen und heutigen Obstanlagen und am Galgenberg vorbei, wo man zur Abschreckung nicht selten die Erhängten im Blick hatte. Dann ging es zur Abtshecke hoch und weiter nach Rothenbergen und Lieblos. Goethe beschreibt in »Dichtung und Wahrheit« diese abenteuerliche Strecke der Reichsstraße, die er öfters bereisen musste.

Da die Reisenden und Fuhrleute regelmäßig Rast und Unterkunft benötigten, gab es an der Straße zahlreiche Poststationen, Gasthäuser und Herbergen. Eines dieser Gasthäuser war das Gasthaus zum Faß, das heute ein saniertes Fachwerkhaus ist und von einer Bank genutzt wird. Seit 1623 hat es viel Geschichte erlebt. So übernachtete Napoleon am 30. Oktober 1813 bei seinem Rückzug aus Russland in der großen Stube über dem Gastzimmer. Im Jahr 1893 übernahm Friedrich Faß die Gast- und Schankwirtschaft.

Mit der Gastfreundlichkeit muss es früher allgemein nicht immer zum Besten gestanden haben. So schildert Erasmus von Rotterdam (1465/1469 bis 1536) eine Reiseerfahrung: »Den Ankömmling begrüßt niemand. Wenn man lang genug gerufen hat, steckt einer zum Fenster der Gaststube den Kopf heraus. Mit einer Handbewegung wird man zum Stall gewiesen. Dein Pferd musst du selbst versorgen. Wer eine Kritik äußert, bekommt zu hören: Wenn's Euch nicht passt, so sucht Euch ein anderes Wirtshaus. Man wird sofort gestiefelt, bepackt und verschmutzt in die allen gemeinsame große Stube geführt.«[36]

Der russische Schriftsteller Nikolaj Karamsin (1766 bis 1826), der 1789 Deutschland bereist, beklagt sich über die Postillone: »Bei jeder Schenke kehrten sie ein, um einen Krug Bier zu trinken, und die armen Reisenden mussten stundenlang warten.«

Das Gasthaus zum Bogen

Das Gasthaus zum Bogen, auch Schiefersteiner Hof genannt, nur wenige Meter vom »Faß« entfernt, war ebenfalls eine beliebte Station und belebter Dorfmittelpunkt. Es diente als Rathaus, Wachhaus mit Gefängnis, Abstellraum für Leichenwagen, Spritzenhaus, Backhaus und bis 1911 als Schule. Aufgabe dieses alten Reichshofes war es auch, Vorspanndienste zu leisten. Die Leipziger Straße stieg hinter Langenselbold steil an, deshalb mussten für die Gespanne zusätzliche Zugtiere, Ochsen und Pferde, eingesetzt werden.

Spaziergang nach Lieblos zur Neuen Herberge

Unweit von Rothenbergen liegt Lieblos mit der Neuen Herberge. Dieser stattliche Hof an der Abzweigung der Hauptstraße nach Büdingen diente bis zum Ende des Fahrpostbetriebes, der gleichzeitig der Beginn des Eisenbahnzeitalters im Kinzigtal war, als Relaisstation der Posthalterei. Das Wohnhaus der Neuen Herberge, so wie es sich heute darstellt, wurde wenige Jahre vor dem Dreißigjährigen Krieg fertig gestellt. Grund für den Bau war sicherlich die günstige Lage an der alten Handelsstraße Frankfurt–Leipzig, an deren Route Poststellen, Pferdewechselstationen, Gast- und Rasthäuser benötigt wurden. Und so wurde die Neue Herberge auch genutzt. Hinzu kam noch die Nutzung als Gerichtsort ab etwa 1700.

Im Dreißigjährigen Krieg wurde Lieblos fast völlig zerstört. Die Neue Herberge ist sicherlich davon nicht verschont geblieben. Aufzeichnungen weisen darauf hin, dass noch vor 1700 ein Wiederaufbau durch die Herrschaft von Meerholz erfolgte. In den Jahren 1650 bis 1715 werden nachweisbar als »Erbpächter und/oder Gastwirth« auf der Neuen Herberge verschiedene Personen genannt. Mit Johann Friedrich Köhler, der aus Hüttengesäß stammt und dessen Trauung 1714 im Kirchenbuch Auf dem Berg vermerkt ist, lässt sich die Reihe der späteren Eigentümer lückenlos aufzeigen. Im Hof der Neuen Herberge gibt die Inschrift auf einem Sandstein Hinweis auf die Familie Köhler: »Diesen Bau haben aufrichten laßen Johann Ludwig Traut und Johanna Magdalena geborene Köhlerin, seine eheliche Hausfrau, N. Herberge 24. Juni 1747«. Johanna Magdalena erreichte das hohe Alter von 90 Jahren. Wie auf einer anderen Inschrift über dem Eingang des Hauses zu lesen ist, wurde dieser Teil des Hauses von Johann Michael Emmel und seiner Ehefrau Susanna Maria, geb. Draut 1798 erbaut. Susanna Maria hat das gleich hohe Alter wie ihre Mutter, nämlich 90 Jahre, erreicht. Sie überstand auch das Wüten von Seuchen und Typhus, das der Rückzug der napoleonischen Armee im Oktober 1813 mitschleppte. In diesen Monaten erreichte die Sterberate eine solche Höhe, dass an vielen Tagen mehrere Beerdigungen stattfinden mussten. Die Aufzeichnungen in den Kirchenbüchern lassen darauf schließen, daß das Leben in der Neuen Herberge stets ereignisreich, manchmal vielleicht sogar turbulent war. Durch die unmittelbare Nähe der Neuen Herberge zur alten Handelsstraße kehrten dort sehr viele fremde Durchreisende ein. Es gab dort Sterbefälle, Geburten, Unfälle in der Scheune, Schießereien und schwere Verletzungen, die sich ein Liebloser Bürger beim Kegeln zuzog, Einquartierung von Franzosen beim Vormarsch der napoleonischen Armee.

Sandstein an der Neuen Herberge

Die Neue Herberge in Lieblos. Im Hof am früheren Pferdestall befindet sich der Inschriftstein von 1747.

Die Neue Herberge wurde über vier Generationen vom Namensträger Emmel bewirtschaftet. Eine Erbengemeinschaft verpachtete zunächst den Hof 1948 und verkaufte später die Neue Herberge an Hans Würfl, einen Vertriebenen aus dem Sudetenland. Er und Sohn Wolfgang, heutiger Eigentümer, entwickelten die Neue Herberge durch neue Ideen zu einem modernen Agrarbetrieb.[37] Zur Spargel- und Erdbeerzeit ist der Hof täglich geöffnet und auch zu besichtigen.

Ein Mönch soll als kulturhistorisches Denkmal die bevorstehenden großen Langenselbolder Ereignisse – die 900-Jahrfeier im Jahr 2008 und den Hessentag 2009 – den Bürgern näher bringen. Ein Mönch als Bronzefigur steht für 435 Jahre Klosterleben in Selbold.
Die historische Forschung berichtet, dass der Gründer des Chorherrenstiftes adliger Abkunft ist, nämlich Graf Dietmar von Selbold. Er hat zum Heil seiner im Jahre 1108 verstorbenen Gemahlin Adelheidis von Selbold-Gelnhausen, geb. Gräfin von Camburg-Wettin, das Augustinerkloster auf der Anhöhe, dem heutigen Klosterberg, gestiftet. Dies wurde ihm in einem Konfirmationsschreiben vom Papst Paschalis II. vom 16. Oktober 1108 genehmigt: »Für die Seele seiner verstorbenen Gattin Adelheidis und zur Wiedergutmachung seiner eigenen Sünden Augustiner Chorherren zu versammeln.« Dieses Augustinerchorherrenstift wurde 1138 in die strengen Regeln der »weißen Brüder«, der Prämonstratenserchorherren, eingebracht.[38]
Graf Dietmar von Selbold-Gelnhausen ist identisch mit dem Grafen Dietmar von der Hardeck, der als Wappen ein Herzschild mit goldenem Löwen auf blauem Grund führt, er ist 1113 bei kriegerischen Verwicklungen eines gewaltsamen Todes gestorben und im Dom zu Naumburg, der Heimat seiner Gemahlin, begraben.[39] Graf Dietmar von Hardeck und seine Gattin sind auch die Gründer der Bergkirche in Gründau.[40] Der Name »Selbold« wird nach dem neuesten Stand vielfältiger historischer Deutung von Sel = Salier (Salierkaiser Heinrich V. 1104–1125) und bold = Person, Herrscher abgeleitet. Der Vorsatz »Langen« – der Ort heißt heute Langenselbold – kommt von der Alten Leipziger Straße, die die Messestädte Frankfurt und Leipzig miteinander verband und an der entlang Selbold angelegt wurde. 1958 wurde ein Silberschatz von 820 Münzen (je 0,9 Gramm Silber) auf dem Marktplatz von Langenselbold in einem Kabelschacht bei Telefonleitungsarbeiten gefunden. Davon

waren 238 Münzen mit der Prägung des Salierkaisers Heinrich V. Der Wert des Schatzes ist beträchtlich und kann daher nicht von einem einfachen Bürger stammen. Es gibt Vermutungen, dass dieses Geld Graf Dietmar von Selbold gehörte oder es der Geldschatz des von ihm gestifteten Chorherrenstiftes Selbold sein könnte. Möglicherweise ist Graf Dietmar in der damaligen kriegerischen Zeit des Investiturstreites zwischen Kaiser und Papst im Jahr 1113 ums Leben gekommen.[41] Die Zeit ging über die Menschen, über das Kloster und ihren Silberschatz hinweg bis zum zufälligen Fund 834 Jahre danach.
Von dieser kulturellen und verwaltungstechnischen Keimzelle der Salier in Selbold aus gründeten die Staufer, in Nachfolge ihrer salischen Verwandten und Vorgänger im Amt, 1170 die spätere Barbarossastadt Gelnhausen.
Durch eine Verordnung des Landgrafen Philipp des Großmütigen von Hessen auf der Homburger Synode von 1526 bekam die Reformation im Lande Hessen starken Auftrieb. Die Städte und Dörfer wurden evangelisch. Viele Klöster wurden aufgelöst, säkularisiert und das Vermögen in den Besitz der weltlichen Herrschaft übergeben. Das Kloster Selbold wurde am 27. Februar 1543 von dem letzten Abt Konrad Jäger mit allen Rechten und Gütern an den Graf Anton zu Ysenburg, Erbe des Grafen Dietmar von Hardeck, abgetreten. Graf Anton war entschlossen, Stiftungen und Schenkungen voll in seinen Besitz zu nehmen und wurde mit dem Abt und Convent über die Aufhebung des Klosters schnell einig: Der letzte Abt bekam eine Pension von jährlich 100 Gulden und Deputatleistungen und ging in Pension nach Gelnhausen. Die Conventualen erhielten eine Abfindung von 1200 Gulden (1 Gulden = 50 Euro). Alle verließen das Kloster, viele zogen auf evangelische Pfarreien, einer von ihnen, Konrad Höhn, wurde erster evangelischer Pfarrer in Selbold. Er hatte auch die Kirchengemeinde in Hüttengesäß zu betreuen.[42]

Der Westflügel des Langenselbolder Schlosses, rechts die Schlosskirche. Beide wurden von Christian Ludwig Hermann entworfen und errichtet.

Schlosspark und Schlosspark Langenselbold

Anfang des 18. Jahrhunderts ließ Graf Wolfgang Ernst zu Ysenburg die Klostergebäude niederreißen und erbaute mit dem Material ab dem Jahr 1727 an derselben Stelle das jetzige barocke Schloss, das allerdings erst um 1752 fertig gestellt werden konnte, da der Bau der Kirche dazwischen geschoben wurde. Als Baumeister von Schloss und Kirche wurde der Hanauer Hofbaumeister Christian Ludwig Hermann gewählt.
Das Schloss besteht aus zwei gleichartigen, symmetrischen Flügeln. In dem hier abgebildeten linken Flügel befindet sich der schönste Raum, der sogenannte Marmorsaal aus poliertem Stuck. Dieser Stuck trägt die Handschrift von Johann August Nahl. Der Stuckateur von Friedrich dem Großen hat die Goldene Galerie in Charlottenburg geschaffen.[43] Im rechten Flügel befindet sich heute das Rathaus. Im großen Schlosshof, der wie ein Hofgut wirkt, befanden sich links und rechts die Herrenscheunen, in denen die Zehntsteuer in Natura aus den landwirtschaftlichen Erträgen der Untertanen abgeliefert wurde. Die ehemaligen Stallungen lagen daneben. Zur Südseite steht heute noch der Dragonerbau. Im Jahr 1792 übernachtete König Friedrich Wilhelm II. von Preußen auf seiner Fahrt in das preußische Feldlager in diesem Schloss, und in der Nacht vor der Schlacht bei Hanau, am 29. und 30. Oktober 1813, schlief hier Napoleon I. Langenselbold hatte durch seine strategische Lage an der Leipziger Straße in allen Kriegen wegen der Truppendurchzüge viel zu leiden. Ein Besuch des Museums im Schlosspark ist empfehlenswert.

Das historische Pfarrhaus von Langenselbold

Pfarrkirche und Pfarrhaus

Wer durch das Kinzigtal reist, sieht schon von weitem den Klosterberg mit dem alles überragenden Barockturm der heutigen evangelischen Pfarrkirche hinter den hohen Parkbäumen des Isenburger Schlosses. »Anno 1727 wurde der Grundstein geleget zur rechten Hand beym Eingang in der Thurmthür, da das eingelegte von dem Hochgebohrnen unserem Gnädigsten Graffen und Herrn Woffgang Ernst, Graffen zu Ysenburg und Büdingen, mit eigener Hoher Hand, zugemauert worden.«[44] Die Einweihung erfolgte im Jahr 1735, nachdem zuvor die Glocken der alten Kirche und die Orgel übernommen wurden.
Architekt Christian Ludwig Hermann ließ sich in der elliptischen barocken Grundform von der Wallonischen Kirche in Hanau und der Paulskirche in Frankfurt inspirieren.[45] Die »alte« Kirche, die erste Kirche, stand bis 1854 an dem heute noch vorhandenen alten Peters-Friedhof in der Nähe der Gründaufurt – im ältesten Ortsteils Selbolds, zwischen Ober- und Hinserdorf. Sie stammte aus der Zeit Bonifazius', also aus dem achten Jahrhundert. Das Pfarrhaus mit dem schönen Portal von 1717 zeigt eine gut gestaltete Fachwerkkonstruktion mit Schmuckformen. Doch wie konnte man sich ein solch schönes Pfarrhaus leisten? Die Selbolder Pfarrei war auf Grund von zahlreichen laufenden Stiftungen eine ansehnliche Pfründe und daher oft mit Pfarrern aus dem niederen Adel besetzt. Als jährliches Einkommen erhielt der Pfarrer auch den bekannten »Pfaffenhafer«, nämlich zu Hüttengesäß 16 Maß, zwei davon aus Wiedermus.

Gasthaus zum Goldenen Engel

Das historische Gasthaus zum goldenen Engel am Langenselbolder Marktplatz lag an der früheren Handelsstraße zwischen Frankfurt und Leipzig. Es wurde um 1707 erbaut und war Station für die Postkutschen. An seiner breiten Fassade sieht man die gut tragende Fachwerkkonstruktion des »wilden Mannes« besonders deutlich. Bemerkenswert schön ist auch das geschwungene Dach über der Tür und der barocke, noch original erhaltene Türklopfer mit dem Schlüsselschild.

Noch heute kann man – ohne zu klopfen – im »Engel« zum guten Mittagstisch einkehren.

Hier gingen schon viele Persönlichkeiten ein und aus. Der bärtige Turnvater Friedrich Ludwig Jahn sprach aus diesem Haus am 12. April 1848 zu den auf dem Marktplatz versammelten Bürgern von Langenselbold, wie auf einer 1911 vom Turnverein gestifteten Gedenktafel zu lesen ist.

Postkarte mit Ansichten von Langenselbold und der Ronneburg, darunter die 1952 abgerissene Brücke über die Gründau

Unten:
Brunnen vor dem »Goldenen Engel«, dahinter das Amtshaus

Amtshaus

Der Ortsteil Hinserdorf kann viele schöne Fachwerkhäuser aus der Zeit um 1700 vorweisen. Das älteste Amtshaus in Langenselbold, erbaut 1782, steht ebenfalls hier am Marktplatz. Es war Sitz des Gerichtes. Im Erdgeschoss befand sich das Gefängnis, oben waren die Amtszimmer untergebracht. Das Amt Selbold hatte ein Hochgericht. Der Galgen stand oben an der alten Leipziger Straße am Galgenküppel, oberhalb der Abtshecke. Von 1654 bis 1817 führte das Amt Langenselbold den Namen »Amt Ronneburg«.

Hermekruk

Der Langenselbolder »Hermekruk« stand bis 2007 verborgen in der Abtshecke. Der Verein für Geschichte und Heimatkunde Langenselbold hat mit ihm jetzt einen Standortwechsel vorgenommen und die 1,5 Tonnen schwere Sandsteinstele im Schlosspark aufgestellt. Vielleicht gibt dies neue Anregung für die Erforschung seiner Herkunft und Sinndeutung. Erkennbar ist die Pietà unter einem Dach mit der Jahreszahl 1517. Zu dieser Zeit hatte das Kloster noch Bestand. Am Fuß ist ein kniender Mönch zu erkennen. Die Inschrift lautet: »Gott gnade der Seele Amen«.

Nach Manfred Keil »dürfte der Namen Hermekruk aus dem mittelhochdeutschen Wortschatz stammen und frei übersetzt Leidenskreuz (Harmkriuze) bedeuten. In katholischen Gebieten waren früher solche Gedenksteine üblich, um am Wegesrand auf ein Unglück, den Tod eines Menschen oder einen anderen Akt mit religiösem Hintergrund hinzuweisen. In zweiter Linie dienten solche Marterln, Bildstöcke oder Wegkreuze zugleich als Wegmarkierung.«[46]

Ysenburger Wappen mit den Buchstaben W.E.G.Z.Y.V.B. (Wolfgang Ernst Graf zu Ysenburg und Büdingen) und Gedenktafeln an der neuen Gründaubrücke. Sie wurden von der 1612 aus dem Ertrag des Märkerwaldes erbauten und 1952 abgebrochenen Brücke übernommen.

Der Bachtanz

Der Langenselbolder Bachtanz hat seinen Ursprung in den Jahren 1460 bis 1465, als das Amt Ronneburg, zu dem auch Teile von Selbold gehörten, an die Ysenburger fielen. Graf Wolfgang Ernst von Ysenburg hatte für einem langwierigen Krieg im Verbund mit den Mainzern dringend mehr Geld nötig. Deshalb wollte er höhere Steuer einkassieren. Anders als heute wehrten sich die Bürger dagegen. Als eine Schar Mainzer Soldaten aufmarschierten, fanden sie das Dorf leer. Alle Bauern verschanzten sich hinter der Friedhofsmauer an der Gründaufurt. Die Soldaten, die den Friedhof stürmen wollten, wurden reihenweise von den Männern von der Mauer abgeschlagen, wobei die Frauen jedes Mal ein Freudengeschrei erhoben. Die Soldaten zogen ab. Die Frauen waren außer sich vor Freude und sprangen in die Gründaubach und tanzten. Seitdem wird alle Jahre an der Gründaubrücke ein Fest gefeiert und im Bach getanzt.

Die Rentei

Die Gräflich Ysenburgische Rentkammer, im Volksmund Rentei genannt, war die Finanz- und Steuerverwaltung der Grafschaft. Sie hatte darüber zu wachen, dass Steuern und Abgaben rechtzeitig und richtig bezahlt wurden. Dazu gehörte im 18. Jahrhundert noch die Bezahlung als Ersatz für zu leistende Frondienste oder für Verpflichtungen aus Leibeigenschaft, die Zahlungen von Wein-, Bier-, Schank- und Wegegeld. Die Rentei am Schlosspark in Selbold kontrollierte auch die Abgabe des »Zehnten«, der in der großen Zehntscheune gesammelt wurde. Erst ab 1839 wurden die Verpflichtungen aus dem Zehnten von Naturalien in Geld umgewandelt oder durch eine einmalige Zahlung abgelöst.

Die Rentei am Schloss ist ein stattliches Gebäude und stammt aus der zweiten Hälfte des 17. Jahrhunderts. Das untere Stockwerk ist aus Sandstein gebaut. Steinbau war damals der Kirche und den Territorialherren vorbehalten. Die oberen drei Stockwerke werden von einer zweckmäßigen Fachwerkkonstruktion getragen. Charakteristisch ist auch hier die Fachwerkfigur des »Wilden Mannes«, der in dreiviertel Höhe mit Balken und Winkelhölzern an Eck- und Bundpfosten getragen wird. Es gibt in Langenselbold zahlreiche Fachwerkhäuser mit »wilden Männern«.

Bis weit ins Kinzigtal nach Gelnhausen reicht der Blick vom Hüttengesäßer Pfingstberg. Die fünf Türme der Gelnhäuser Marienkirche erheben sich über der Stadt.

Eine Wanderung nach Meerholz

Bei unserem Rundblick vom Bergfried der Ronneburg in Richtung Süden erkennen wir am Horizont die Ausläufer des Spessarts zum Kinzigtal hin mit dem Höhenzug des Hahnenkamms. Dort an der südlichen Grenze des Ronneburger Hügellandes liegt das historische Städtchen Meerholz.

Der Weg von der Ronneburg nach Meerholz führt über die Kinzig. Wir wählen den Weg über das Fachwerkdorf Lieblos an der alten Leipziger Straße, das wir schon von unserem Besuch in der Neuen Herberge kennen. Auf diesem Weg kommen wir über die Kinzigbrücke an der gut erhaltenen Kinzigmühle vorbei, die 1360 erstmals urkundlich erwähnt wurde. Sie war Getreidemühle, später Papiermühle. Der Weg führt weiter nach Meerholz durch die Kinzigauen. Dort treffen wir auf die Mauern des ehemaligen Prämonstratenserinnen-Klosters von Meerholz.

Die Kinzigmühle zwischen Lieblos und Meerholz

Schloss Meerholz mit der Schlosskirche

Meerholz – ehemaliges Kloster und Schlosskirche

Die Gründung des Chorfrauenstiftes St. Marien in Miroldes, Meerholz, am Fuß des Heiligenkopfes, fällt in die Zeit nach 1151 und ist eine Tochtergründung des Klosters Selbold. Das Kloster Meerholz bestand also schon, bevor Kaiser Friedrich Barbarossa im Jahre 1170 die Kaiserpfalz in Gelnhausen erbaute. Es soll, anders als Marienborn, ein armes Kloster gewesen sein. Um die Lebensgrundlage des Chorfrauenstiftes zu erhalten, begrenzten die Mainzer Erzbischöfe die Anzahl der Klosterfrauen auf vierzig. Es müssen wohl sehr unbeugsame Nonnen gewesen sein, denn als Graf Anton von Ysenburg-Büdingen 1525 die Reformation eingeführt hatte, kämpften sie gewaltig gegen die Auflösung ihres Klosters, teils mit Unterstützung von Kaiser Karl V. Die wirtschaftliche Situation war jedoch so hoffnungslos, dass die letzte Äbtissin, Anna von Muschenheim, in einem Vertrag die Patronatsrechte des Klosters 1554 an Graf Anton gegen Leibrente und Wohnung in Gelnhausen abtrat.

Die Reformation war auch die Zeit, in der sich das Haus Ysenburg in die Ronneburger Linie unter Graf Anton und die Birsteiner Linie unter Graf Johann spaltete. Nach dem Tod von Graf Anton kam es innerhalb der Ronneburger Linie unter den drei Söhnen 1565

erneut zu einer Teilung. Georg der Älteste (1528 bis 1577) erhielt das Gericht Meerholz zugeschrieben. Graf Georg baute als erster der drei Brüder eine eigene Residenz. Im Jahr 1565 begann er mit seiner Frau Barbara, Gräfin zu Wertheim, mit dem Bau eines Renaissanceschlosses, wobei er auch Steine aus dem alten Kreuzgang benutzte.
Ein besonderer Höhepunkt in Meerholz war die Hochzeit der Gräfin Ortrud zu Ysenburg und Büdingen mit Prinz Albert zu Schleswig Holstein-Sonderburg-Glücksburg, Schwager des deutschen Kaisers, am 14. Oktober 1906 in Gegenwart S.M. Kaiser Wilhelm II. Mit dem Tod des Grafen Gustav 1929 war die Meerholzer Linie beendet.
Seine Gemahlin, Gräfin Thekla, wohnte noch bis zu ihrem Tod zehn Jahre später im Schloss. Sie war bei den Bürgern sehr beliebt, Pflegebedürftige erhielten von ihr viel Zuwendung und Hilfe. Der Erbe Otto Friedrich zu Ysenburg und Büdingen in Wächtersbach verkaufte das Schloss 1942 an die Stadt Frankfurt, die heute darin ein Pflegeheim unterhält. Die Schlosskirche schenkte der Fürst 1982 an die Evangelische Kirchengemeinde Meerholz-Hailer.[47]
Lohnend ist ein Abstecher in den im englischen Stil gehalten Schlosspark oder ein Besuch im benachbarten, 300 Jahre alten historischen »Meerholzer Schießhaus«, in dem Küchenmeister Peter Lefèvre neben bodenständige Köstlichkeiten wie geschmorte Ochsenbäckchen auch Speisen der Spitzenklasse serviert. Das Haus befindet sich in der fünften Generation in Familienbesitz.[48]

Toreingang zum Schloss Meerholz mit Ysenburger Wappen

Meerholz: Mittelpunkt Europas

Seit dem 3. Januar 2007 liegt der geographische Mittelpunkt der Europäischen Union in der Gemarkung Meerholz am Heiligenkopf. Eine Künstlergruppe aus der Region entwarf den dort aufgestellten Gedenkstein. Die Markierungen auf dem, einem Mühlstein ähnlichen, Denkmal zeigen in die Richtung der 27 Mitgliedsländer der Europäischen Union.

Am Mittelpunkt Europas in Meerholz

Frühe Siedlungsspuren im Ronneburger Hügelland

Vom Turm der Ronneburg erkennen wir rundum eine fruchtbare Landschaft mit den Tälern der Gründau und des Fallbaches und den mit Löss bedeckten Hügeln. Die dazwischen liegenden Waldflächen sorgen für gute Niederschläge. Der Rohstoff Holz für den Siedlungsbau, das jagdbare Wild, ein ausgeglichenes Klima mit milden Wintern und warmen Sommern ermöglichten eine frühe Besiedlung und förderten im Ronneburger Hügelland Ackerbau und Viehzucht. Zahlreiche vorgeschichtlichen Funde weisen auf unterschiedliche Siedlungskulturen hin. Sowohl im Gründautal als auch im Fallbachtal wurden Funde aus der Jungsteinzeit (5000 bis 2000 Jahr vor Christus), aus der Bronzezeit (2000 bis 800 vor Christus), der Hallstattzeit und der Latène-Periode registriert. Träger der Frühlatènekultur waren die Kelten, die seit dem vierten Jahrhundert vor den aus dem Fuldaer Raum vordringenden Germanen zurückwichen. Erhalten haben sich die Spuren in den Flussnamen Kinzig und Nidder. Etwa um 100 vor Christus lösten hier die Germanen die Kelten ab, und um die Zeitwende saßen hier die Chatten. Um 100 nach Christus besetzten die Römer die Wetterau und setzten den Limes an den östlichsten Rand des römischen Reiches. Die Kastelle bei Altenstadt, Marköbel und Rückingen dienten zur Sicherung der römischen Reichsgrenze, waren aber zugleich Grenzübergangsstraßen für den Handelsverkehr der Germanen an den alten historischen Fernstraßen, der Nidderstraße, der Hohen Straße und der Kinzigstraße. Seit dem zweiten Jahrhundert nach Christus war der Limes dem Andringen der nach Westen strebenden

Germanenstämme ausgesetzt. Um 260 brach die römische Limesgrenze zusammen. Die Römer zogen sich an die Rheinlinie zurück. An die Stelle der Römer traten neue Völkerstämme, Germanen, vor allem Chatten und Alemannen. Nach wechselnden Kämpfen der Alemannen gegen die Franken und der Niederlage im Jahr 380 mussten die Alemannen einen Teil der Wetterau und des Ronneburger Hügellandes räumen. Es begann eine neue Zeit in der Region. Auch ein vorübergehender Einfluss der Burgunder in der Wettereiba (eiba = burgundisch) ist festzustellen. Der Nachweis von burgundischen Grenzsteinen, etwa auf der Ronneburg, bestätigt dies. Ab 500 durchdrangen die Franken die Lande, Reihengräber bei Eckartshausen weisen darauf hin.

Die Franken führen zwei grundlegende Neuerungen ein: Den Aufbau eines geschlossenen obrigkeitlichen Staatsverbandes und die erste christlich kirchliche Organisation. Die Landnahme durch die fränkischen Könige zur Zeit der Merowinger erkennt man an den Endungen der Ortsnamen auf »heim« wie Lindheim, »bach« wie Himbach, »hausen« wie Eckartshausen. Die letzte fränkische Besiedlungsschicht ist um 900 anzusetzen, und um 1000 beginnt der Aufstieg von Kirche und Adel. In unserer Landschaft sind von besonderer Bedeutung die Remigiuskirche in Büdingen und die Bergkirche Gründau, ebenso die Georgspfarrei in Eckartshausen und nicht zuletzt die Peterspfarrei in Langenselbold. Dies sind alles historische Orte, die wir bei Wanderungen im Ronneburger Hügelland besuchen können.

Aus welcher zeitlichen Epoche haben wir die meisten archäologischen Funde? Relativ wenige Funkmeldungen sind aus der zeitlich nahe liegenden fränkischen und alemannischen Zeit vorhanden. Möglicherweise stammen die Grabfunde von den Hirzbacher Höfen aus der Karolingerzeit. Zahlreich dagegen sind die römischen Funde in der Wetterau aus der Zeit zwischen 100 und 260 und ebenso vielfältig sind die Funde im Ronneburger Hügelland aus der Latène- oder Keltenzeit (400 vor Christus), Hallstattzeit (800 vor Christus), Bronzezeit (1500 vor Christus) und der Jungsteinzeit (Neolithikum, 5500 bis 2200 vor Christus) im Ronneburger Hügelland. Funde aus der Altsteinzeit (Mesolithikum) sind wiederum selten.

Römische Besiedlung – Terra Sigillata aus Marköbel

Die Terra Sigillata hatten bei den Römern als Tafelgeschirr etwa die Funktion unseres heutigen Porzellans. Diese Keramik mit dem charakteristischen roten Überzug wurde in großen zentralen Manufakturen hergestellt und im römischen Reich auf weite Entfernung gehandelt. Die ältesten Produkte stammen noch aus dem südgallischen Bereich. Etwa ab 160 nach Christus beherrschen die römischen Töpfereien um Rheinzabern in der Pfalz und Trier monopolartig den Markt für Terra Sigillata im Limesgebiet. Das unten abgebildete Tafelgeschirr stammt aus einem Fund, der 1983 durch Zufall bei Baggerarbeiten für die Erweiterung des Friedhofes in Marköbel ans Tageslicht gebracht wurde. Es handelt sich um einen so genannten Depotfund von etwa einem Dutzend Gefäßen aus Sigillata. Die Gefäße waren nicht als Abfall weggelegt, sondern sorgfältig in einem Behältnis, Sack oder Korb, gestapelt und relativ gut erhalten. Möglicherweise stammt das Geschirr aus der Zeit 260 nach Christus, als viel Bewegung im Limesgebiet war und sich die Römer von Marköbel in Richtung Rhein zurückzogen. Vielleicht wollte eine Römerin ihr Tafelgeschirr – Faltenbecher, Einhenkelkrug und die schöne verzierte Bilderschüssel aus Rheinzabern – bis zur Rückkehr gut verwahren.

Terra Sigillata – Tafelgeschirr aus Marköbel, 260 nach Christus

Hans-Otto Schmitt

Siedlungsgrube aus der Latène-Zeit – in letzter Minute gerettet

Nördlich von Langenselbold, am Fuß des Rötelberges, am Talrand des Fallbaches und nahe an der Gemarkungsgrenze Ronneburg/Langenselbold, entdeckte M. Gutmann 1999 eine Latène-zeitliche Fundstelle. Auf der Ackeroberfläche zeichnete sich eine dunklere Verfärbung ab. Zahlreiche Keramikscherben konnten aufgesammelt werden. In mehreren Winterperioden erfolgten immer wieder nachhaltige Begehungen. Da sich die Fundstelle offensichtlich durch die tief greifende Pflugbearbeitung in einem fortschreitenden Zerstörungsprozess befand, führte im März die »Arbeitsgruppe Archäologie im Main-Kinzig-Kreis« unter der Leitung des Kreisarchäologen Dr. Hans-Otto Schmitt eine Notbergung durch. Bereits beim Abheben des Oberbodens auf einer Fläche von 4 auf 4 Metern kamen weitere Scherben zum Vorschein. In der Ebene unter der Pflugtiefe zeichnete sich deutlich eine kreisrunde – Durchmesser etwa 1,60 Meter – dunkle Verfärbung im Umfeld des gelben Lösses ab. Die Grubenverfüllung reichte nur noch 15 Zentimeter in die Tiefe. Diese kreisrunde Grube erinnert an den letzten Rest einer so genannten Kegelstumpfgrube. Da auch in der weiteren Umgebung einzelne Scherben verstreut gefunden wurden, ist es erstaunlich und erfreulich, dass aus dem Rest der Grube eine große Menge an passenden Scherben gefunden wurden, mit denen insgesamt elf Gefäße zum großen Teil oder fast vollständig in mühsamer dreimonatiger Arbeit zusammengesetzt werden konnten. Es handelt sich um grobe handgemachte Gebrauchskeramik, die als »Haushaltsgeschirr« anzusprechen ist. Vor allem die großen Gefäße – 50 Zentimeter hoch – dürften der Vorratshaltung gedient haben. Zwei tiefe Schüsseln, ein Napf, einige Töpfe und ein großes Vorratsfass haben Formen, die zeitlich in die mittlere bis späte Latène-Zeit gehören, also etwa 450 vor Christus.[49]

Diese Sielungsgrube steht möglicherweise in Zusammenhang mit den zwanzig Grabhügeln am Südwest- und Südabhang des Rötelberges und anderen Keramikfunden am Südhang des Fallbaches. In dieser Zeit, auch jüngere Eisenzeit genannt, wurde unser Gebiet von Kelten besiedelt. Die Menschen im von fruchtbarem Löss bedeckten und von den Wasserläufen des Fallbaches und der Gründau begünstigten Hügellands wohnten in Einzelsiedlungen und betrieben Ackerbau und Viehzucht. Sie lebten sicherlich im Einflussgebiet des Keltenfürsten vom Glauberg.

Gefäße der Hallstattzeit aus Hüttengesäß

Hallstattzeitlicher Grabfund in Hüttengesäß sichergestellt

Im Jahr 1956 wurden beim Ausgraben einer Baugrube in der Marienstraße 27 in Hüttengesäß durch die Aufmerksamkeit der Bauarbeiter in achtzig Zentimeter Tiefe die Scherben eines Urnengrabes bemerkt und durch Hauptlehrer Loos in Verwahrung genommen und an die Arbeitsgruppe für Archäologie nach Hanau weitergeleitet. Es handelte sich um einen Fund aus der Hallstattzeit, auch frühe Eisenzeit genannt, aus der Zeit 800 vor Christus also. Insgesamt waren es drei Teile: ein bauchiger Topf als Urne mit Leichenbrand und Knochenresten, etwa 18 Zentimeter hoch, eine Schulterschüssel, möglicherweise zur Beigabe von Speisen, 9 Zentimeter hoch, und ein Becher mit Randdurchbohrung, möglicherweise ein Trinkbecher, 5 Zentimeter hoch.
Wie die Abbildung zeigt, sind die Gefäße von einfacher Form. Die Urne ist auf der Töpferscheibe ebenmäßig geformt, ebenso die Schale, während der Trinkbecher von Hand geformt wurde. Denkbar ist, dass diesem hallstattzeitlichem Bestattungszeremoniell die Vorstellung der Menschen an ein Leben im Jenseits zu Grunde liegt. Die Aufbahrung des Toten am Scheiterhaufen, die trennende Wirkung des Feuers vom körperlichen Diesseits und das Einsammeln der Knochenreste sowie das sorgsame Verwahren und Bestatten in der Urne lassen auf einen bedeutsamen ethischen Ahnenkult schließen. Bei Urnengräberfunden andernorts sind manchmal je nach Stand persönliche Beigaben, zum Beispiel Metallschmuck, gefunden worden.

Hans-Otto Schmitt

Eine Siedlung der mittleren Bronzezeit im Ronneburger Hügelland

Neben einer mittelbronzezeitlichen Siedlung bei Langenselbold, Flur »Auf der Steinheile«, wurde durch Ackerbegehungen eine weitere Fundstelle bekannt, die sich nicht nur zeitlich, sondern auch aufgrund der topographischen Gegebenheiten, der Fundsituation und des Fundspektrums der ersten anschließen lässt. Beide Fundstellen liegen im Lössgebiet des Ronneburger Hügellandes, also zwischen Vogelsberg und südlicher Wetterau, und zwar zwischen den nordöstlich-südwestlich verlaufenden Tälern des Fallbachs und der Gründau. Die Siedlung von Langenselbold befindet sich auf einer Kuppe des zum Gründautal abfallenden Geländes, die Lage des Ronneburger Fundplatzes ist ein leicht geneigter Hang auf der entgegengesetzten Seite über dem Fallbachtal. Die Stellen sind 2,15 Kilometer voneinander entfernt. An beiden Stellen zeigte sich auf der Ackeroberfläche eine begrenzte dunklere Verfärbung, innerhalb derer bei wiederholten Begehungen von M. Gutmann eine beachtliche Fundmenge aufgesammelt wurde. Hüttenlehm, Mahl- und Reibsteinfragmente sowie Keramik grober Machart lassen den Schluss zu, dass es sich auch bei der Ronneburger Fundstelle um eine Siedlung handelt. Die bestimmbare Keramik lässt keinen Zweifel an einer Datierung in die mittlere Bronzezeit. Als Dekor der feineren Keramik kommen beispielsweise schrägstrichverzierte horizontale Bänder vor oder auch waagrecht verlaufende Rillenbänder, bisweilen begleitet von Punkt- oder Kornstichreihen. Gleichfalls typisch für diese Zeitstufe sind Kerbleistenschalen und Schalen mit Kerbrändern. Bemerkenswert ist ein winziges Fragment einer recht kleinen Schale, das sehr filigran gestaltete Leisten auf der Innenseite knapp unterhalb des Rands sowie feine Zickzackkerben auf dem Rand besitzt, in denen sich sogar noch Reste weißer Paste befinden. Groß ist die Variationsbreite der Fingertupfenverzierungen, die auf der groberen Ware vorkommen. In wenigen Fällen sind die Fingereindrücke direkt in die Gefäßoberfläche eingetieft, in der Regel begegnen jedoch Fingernageleindrücke als zusätzliches Zierelement auf meist horizontal verlaufenden Leisten. Diese Leisten können sich an der Außenseite von stark ausgeprägten Rändern befinden oder aber darunter, nämlich im Schulterbereich, wo sie den oft durch Schlickbewurf und Fingerverstrich unebenen und deshalb griffigeren Körper vom gut geglätteten Hals trennen. Charakteristisch sind ferner waagrecht abgestrichene Ränder. Ebenfalls aus Keramik bestehen der Rest eines Siebgefäßes und das Fragment eines Löffels.

Das Keramikspektrum des Fundplatzes stimmt, wie das von Langenselbold »Steinheile«, mit dem, was bereits seit Längerem für das Rhein-Main-Gebiet bekannt ist, erstaunlich gut überein. Dort ist das nächstliegende Hauptverbreitungsgebiet mittelbronzezeitlicher Siedlungen. Gleichwohl ist das Siedlungsverhalten in dieser Zeit bemerkenswert differenziert, zumal sehr unterschiedliche Lagen und Bodenqualitäten genutzt werden. Dies spricht für flexible, angepasste Wirtschaftsweisen. Die Verbreitung bronzezeitlicher Grabhügel bis weit in die Mittelgebirgszonen, in Höhen von 400 bis 500 Metern, bewog die ältere Forschung, dort ein Weidebauerntum anzunehmen und damit einen Gegensatz zu den Ackerbaukulturen des älteren Neolithikums herauszustellen. Diese Sicht wurde später revidiert, zumal Fundstellen in Flachlandschaften und Lössgebieten keine Berücksichtigung gefunden hatten. Schließlich konnte A. Jockenhövel innerhalb einer Kleinregion westlich von Frankfurt am Main, um den Mainbogen bei Schwanheim und Kelsterbach, drei an verschiedene Naturräume gebundene Lagetypen unterscheiden. Zwei davon befinden sich

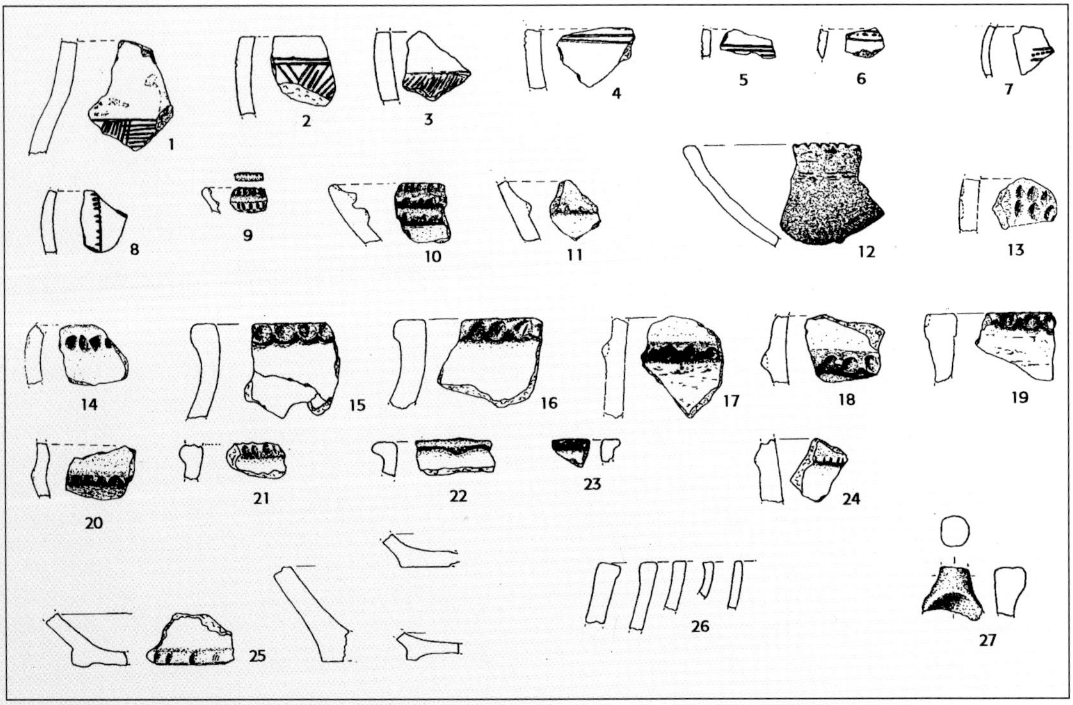

Auswahl der Lesefunde von der Ronneburg

auf landwirtschaftlich nur eingeschränkt nutzbaren Böden, nämlich auf Sanddünenflächen an Terrassenrändern beziehungsweise in Bereichen von Gleyböden in der Main-Niederterrasse. Solche Lagen wurden bereits seit dem Endneolithikum bevorzugt besiedelt. Der dritte Lagetyp dagegen nimmt Lössböden rechts des Mains entlang der Niddaterrasse und zwischen den Bachzuläufen dieses Flüsschens ein. Dort reihen sich mehrere Siedlungen in einem Abstand von ein bis zwei Kilometern aneinander. Auch höhere Lagen auf lang gestreckten flachwelligen Hügelrücken zwischen zwei Bachläufen gehören dazu, eine Situation also, wie wir sie nun auch im Ronneburger Hügelland antreffen. Die beiden neuen Siedlungsstellen sind zusammen mit in den letzten Jahren auch andernorts entdeckten Fundstellen deutliche Hinweise darauf, dass die im Rhein-Main-Gebiet gemachten Beobachtungen mindestens auch auf Nachbargebiete übertragbar sind. Das würde bedeuten, dass auch peripher zum Hauptverbreitungsgebiet liegende Gegenden viel dichter besiedelt waren, als es den Anschein hat, und die dortigen Fundlücken nicht authentisch sind.[50]

5000 Jahre alte Streitaxt

Hans-Otto Schmitt

Eine bemerkenswerte Streitaxt aus der Gemarkung von Ronneburg-Hüttengesäß

Im Frühjahr 2003 fand im Heimatmuseum der Gemeinde Ronneburg, Ortsteil Hüttengesäß, eine kleine archäologische Ausstellung statt. Die Tafelausstellung des Landesamtes für Denkmalpflege Hessen »50 Jahre Landesarchäologie in Hessen« wurde mit einer Präsentation neuer Funde aus dem Ronneburger Hügelland verknüpft. Die Ausstellung stieß in der Gemeinde auf reges Interesse, und in der Folge wurden erfreulicherweise Funde gemeldet, die schon vor längerer Zeit aufgesammelt worden waren. Bereits in den 1950er oder frühen 1960er Jahren hatte der Landwirt J. Fischer bei Feldarbeiten drei Steingeräte gefunden, die von seinem Enkel J. Oefner dem Geschichtsverein übergeben wurden. Es handelte sich dabei um einen kleinen Dechsel aus der Zeit der Bandkeramik sowie um ein Steinbeil und eine Axt aus dem Endneolithikum. Die Fundstellen sind nicht mehr genau bekannt, lassen sich aber vielleicht auf zwei infrage kommende Grundstücke eingrenzen, die in nächster Zeit intensiv begangen werden sollen.
Vor allem die Axt verdient wegen ihrer Formgebung und Fertigungsqualitäten an dieser Stelle vorgestellt zu werden. Durch das parallel zur Schneide gebohrte Schäftungsloch erweist sich dieser Gegenstand tatsächlich als Axt. Sie ist aus einem dunkelolivgrünen Gestein hergestellt. Obwohl auf allen Seiten Fehlstellen festzustellen sind, muss das Stück dennoch als vollständig gelten. Es handelt sich nämlich nicht etwa um rezente Beschädigungen, wie man auf den ersten Blick meinen könnte, sondern um Stellen, an denen bereits am Rohling zu wenig Masse vorhanden war. Dieses Phänomen weist übrigens ebenso das Beil auf. Bei genauerem Hinsehen sind diese Stellen an ihren Rändern angeschliffen oder sogar zur Gänze leicht überschliffen. Besonders wird dies bei der Axt seitlich oberhalb der Schneide deutlich, wo eine Fehlstelle konsequent symmetrisch, ungefähr dem Facettenschliff der Gegenseite entsprechend, flüchtig geglättet ist. Im Vergleich zu verwandten Formen ist die Nackenpartie verhältnismäßig dünn. Es hat den Anschein, dass auch dies mit der Form des Rohlings zu tun hat, der mangels Masse keine dickere Nackenausführung zuließ. Merkwürdig sind darüber hinaus die begonnenen Bohrungen,

von denen sich zwei auf der Oberseite und eine auf der Unterseite befinden, und zwar jeweils hinter dem Schaftloch, seitlich aus der Achse verschoben. Die Sichelformen der angesetzten Bohrungen machen deutlich, dass der Bohrkopf schräg zur Oberfläche aufgesetzt wurde und einen keineswegs senkrechten Bohrkanal erzeugt hätte. Das fertige Schäftungsloch weist einen leicht sanduhrförmigen Querschnitt auf, was auf Bohrungen von, zwei Seiten schließen lässt. Zusammen mit exakt zylindrischen oder leicht konischen Löchern ist dieser Querschnitt allerdings bei Äxten dieser Zeit nichts Ungewöhnliches.
Im Gegensatz zur Form des Längsschnitts, der sich von der Schneide zum Nacken verjüngt und einen recht dünnen Nacken bildet, sind die breite Schneide und der Facettenschliff echte typologische Merkmale, die diese Axt in die Periode der schnurkeramischen Kultur datieren. Es lässt sich erahnen, welche bekannte Axtform Vorbild gewesen ist. Die Streitäxte der Schnurkeramik können in mehrere Typen unterteilt werden. Die wichtigsten Formen, die auch für unsere weitere Ausführung in Betracht kommen, sind die »Gemeineuropäische Streitaxt«, die nach der Typengliederung von P. V. Glob auch »A-Axt« genannt wird, und die breitschneidige Ausprägung der »Mitteldeutschen Hammeraxt«, die sonst auch als »Facettierte Streitaxt« bezeichnet wird. Gemeinsam sind ihnen eine leicht konvex gekrümmte Oberseite und eine konkave Unterseite, eine breite, nach unten ausschwingende Schneide sowie die im Querschnitt annähernd runde Nackenpartie. Der Hauptunterschied zwischen beiden ist an der unteren Seite, an der Schneide, festzustellen. Bei der A-Axt beginnt der konkave Umriss der Unterseite direkt an der Ecke der Schneide, bei der breitschneidigen Facettenaxt verläuft die Kontur zunächst leicht konvex oder ungefähr parallel zur Oberseite und setzt sich erst nach einer Abstufung in konkaver Krümmung fort. Nur der mitteldeutsche Typ weist den namengebenden Facettenschliff auf. Beide Formen kommen in Hessen vor. Die A-Axt ist kennzeichnend für die nordische Einzelgrabkultur und vom Rhein bis weit nach Osteuropa verbreitet. Dagegen ist die wohl gleichzeitige Facettenaxt eine Ausprägung der mitteldeutschen Schnurkeramik und in Hessen Bestandteil der südwestdeutschen Schnurkeramik. Originär fallen beide Axttypen durch ihre ausgesprochen formschöne Ausführung auf. Im Verlauf der Zeit »entwickeln« sie sich jedoch zu plumpen, verwaschenen Ausprägungen, die breit und gedrungen sein können und in Anlehnung an das Vorbild einen nur noch verwaschenen Facettenschliff aufweisen. Das Ronneburger Stück zeigt solche degenerierten Merkmale.
Die Fundgeschichte der hier vorgestellten Axt ist bezeichnend für diese Fundgattung. Schon aufgrund ihrer kuriosen Gestalt, das heißt wegen ihrer Form, des Bohrlochs und der eventuell noch erhaltenen Oberflächenglättung, werden die betreffenden Objekte leicht wahrgenommen und aufgesammelt. Es ließe sich hier eine Liste von neu gemeldeten Altfunden anfügen, was an anderer Stelle geplant ist, da es den gegebenen Rahmen sprengen würde. Häufig ist über den Fundkontext schnurkeramischer Äxte nichts Näheres bekannt. Falls Fundzusammenhänge vorliegen, erweisen sie sich als Beigaben in Männergräbem. Sie waren Repräsentationsgegenstände, die dem Toten mit in das Grab gegeben wurden. Es ist deshalb zu vermuten, dass der größte Teil der bei landwirtschaftlichen Arbeiten gefundenen Stücke aus aufgepflügten Gräbern, genauer gesagt aus verschleiften Hügelgräbern, stammt. Auf Siedlungsplätzen wurden dagegen nur unscheinbare Bruchstücke und Bohrzapfen nachgewiesen. Bei der Ronneburger Axt ist man versucht, die Herkunft aus einem Grab wegen der Derbheit und der »Versuchsbohrungen« infrage zu stellen. Man möchte bezweifeln, dass sie als »gutes Stück« und Repräsentationsobjekt in Betracht kommen konnte. Sie ist ein besonders krasses Beispiel für Formen, die am Ende der schnurkeramischen Axtentwicklung stehen.«[51]

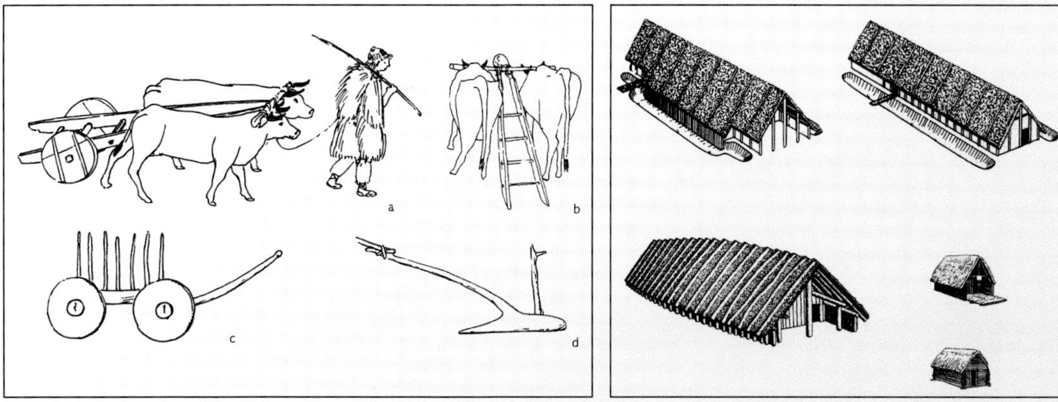

Jungsteinzeitliche Ackerbaugeräte und Siedlungshäuser, 5500 bis 2200 vor Christus
a) Holzpflug
b) Stangenschleifen
c) vierrädriger Wagen
d) Holzpflug
Quelle: H. Schlichtherle

Die neolithische Revolution

Aus dem vorausgegangenen Aufsatz über »Eine bemerkenswerte Streitaxt aus dem Ronneburger Hügelland« haben wir erfahren, dass diese Streitaxt aus dem Endneolithikum 3000 Jahre vor Christus stammt, oder anders gesagt vom Ende der Jungsteinzeit und hier zusammen mit den den anderen Werkzeugen – Beil und Dechsel – gefunden wurde. Wenn wir heute vom Waldrand bei Ronneburg-Hüttengesäß über die Hirschlache den sanften Hügel zum Fallbach hinabwandern oder vom Rötelberg zum Gründautal, dann können wir uns mit diesen archäologischen Erkenntnissen vorstellen, dass hier schon vor 7000 bis 5000 Jahren Menschen gelebt haben.
Der Übergang vom Jäger und Sammler zum sesshaften Ackerbauer und Viehzüchter wurde vollzogen. Die Menschen begannen zu züchten, indem sie durch Auswahl genetische Veränderungen unterstützten und dadurch Kulturpflanzen und ihre Haustiere züchteten. Die Getreidearten Emmer, Einkorn und Gerste bildeten das Grundnahrungsmittel der jungsteinzeitlichen Bauern. Dazu kam Mohn als Gewürz und Lein als Öllieferant. Sie bauten Wohnhäuser und Stallungen. Zu den Haustieren gehörten bereits Rinder, Schweine, Schafe, Ziegen und Hunde. Vorratswirtschaft und Saatgutreservierung wurde praktiziert. Für den Ackerbau und zum Hausbau wurden Werkzeuge, Steinaxt, Beil und Dechsel sowie Ackerbaugeräte hergestellt. Die Herstellung von Werkzeugen und die planvolle Nahrungsmittelproduktion im Ackerbau in der jüngeren Steinzeit – Neolithikum – kann man nicht einfach so als »Steinzeit« abtun. Diese Zeit ist der einschneidende Wendepunkt in der Entwicklung der Menschheit, die »neolithische Revolution«.[52] Diese hier gefundene zwölf Zentimeter lange Steinaxt aus sehr hartem, granitähnlichen Steinmaterial war sicher nicht einfach herzustellen, insbesondere wenn man die konische Bohrung beachtet und die facettierte Formgebung. Die Bohrung wurde wahrscheinlich mit Holunderholz unter Sand- und Wasserzugabe mit einem »Bohrgerät« (Hohlbohrung) ausgeführt. Nach einem

Archäologische Grabung »Auf der Steinheile« im Ronneburger Hügelland

experimentellen Nachvollzug der Herstellung einer solchen Axt schätzt man, dass man für das Bohren des Loches mit den damaligen Mitteln einen Arbeitsaufwand von 80 Stunden benötigte. Besonders wichtig war die handwerkliche Kunst, aus Ton Gefäße herzustellen und für den dauerhaften Gebrauch zu brennen. Dieses Keramik-Handwerk entwickelte sich im europäischen Neolithikum zu einer wahren Kunst mit einer Fülle von Verzierungsstilen und Formenvarianten. Nach der Art der umlaufenden Muster am Gefäß bezeichnen archäologische Wissenschaftler diese Epoche als Bandkeramik.

Bandkeramik-Fundstück aus dem Ronneburger Hügelland

Grabräuber plündern archäologische Stätten

Das sind die Reste eines Hügelgrabes im Ronneburger Wald, das durch eine Raubgrabung vernichtet wurde. Da es die Raubgräber auf Metallgegenstände abgesehen haben, zerstören sie die aufgestöberte Keramik und das Umfeld des Grabes. Immer wieder kommt es vor, dass so genannte »Hobbygräber auf Schatzsuche« mit ihren Metallsonden römische oder keltische Stätten aufsuchen und ausgraben. Die Metallteile, Münzen oder Waffen, werden aus ihrem historischen Zusammenhang gerissen und stören dadurch die archäologische Bestimmungsmöglichkeit und die Geschichtsforschung und damit unser Allgemeingut. Diese Grabungen im archäologischen Bereich sind in Deutschland grundsätzlich verboten. Wer sich daran nicht hält, verstößt gegen das Bodendenkmal-Schutzgesetz und wird schwer bestraft. Das Problem ist der Denkmalschutzbehörde und der Landesarchäologie bekannt. Es müssen von dort mehr Kontrollen ausgeübt werden. Aber auch die Bevölkerung ist aufgerufen, bei der Aufklärung mitzuwirken.
Wenn Sie also bei Ihren Wanderungen einen verdächtigen »Raubgräber« auf dem Acker oder im Wald erkennen, sollten Sie die nächste Polizeistation verständigen. Auch die so genannte Feldbegehung zur Suche nach Keramikscherben ist nur mit schriftlicher Genehmigung der Behörde erlaubt. Funde müssen immer gemeldet werden.

Reste eines Hügelgrabes im Ronneburger Wald

Anmerkungen

1 Erwin Rückriegel, Das Ronneburger Hügelland, Niedergründau 1992, S. 32, 33.
2 Klaus-Peter Decker, G. Ulrich Großmann, Burgen, Schlösser, Wehrbauten, Regensburg 2006, Bd. 6, S. 4.
3 Walter Nieß, Glaubero marca, Rastatt 2001, S. 87.
4 Klaus-Peter Decker, G. Ulrich Großmann, ebda, S. 31, 40, 41.
5 Klaus-Peter Decker, G. Ulrich Großmann, ebda, S. 59.
6 Gottlieb Scheuner, Inspirations-History, Amana, Iowa, USA, S. 296ff., S. 555f.
7 Reiner Erdt, Die Kirche von Hüttengesäß, Ronneburger Heimatblätter 1996, Nr. 10.
8 Walter Nieß, Langenselbold. Eine kulturelle Keimzelle im Kinzigtal und der Wetterau, Rastatt 2002, S. 151.
9 Heinrich Reimer, Hessisches Urkundenbuch, Hanau, Bd. I, Osnabrück 1965 (Erstausgabe 1891), Nr. 196.
10 Hans Philippi, Territorialgeschichte der Grafsch. Büdingen, Marburg 1954, S. 147.
11 Uwe Peter Böhm, Militärhistoriker Wehrkundliches Museum in Rastatt: Hanauer Anzeiger, Magazin zum Wochenende vom 26.7.2003, S. 33.
12 Klaus Opper, Der Kirchenbau von Eckartshausen, Rbg. Heimatblatt, Nr. 25, 2004.
13 Hans Velten, Die Geschichte der Pfarrei Eckartshausen, Vortrag 17.9.1979.
14 Walter Nieß, Hexenprozesse in der Grafschaft Büdingen, Rastatt 1984, S. 292.
15 Ursula Rössel, Der große Bär, Erlensee 1982.
16 Hans Philippi, ebda, S. 81.
17 Klaus Schöning, Erinnerungen an Rudolph Welcker, Lübeck 2000, S. 221ff.
18 Klaus Schöning, ebda, S. 234.
19 Hans Philippi, ebda, S. 80.
20 Hans Philippi, ebda, S. 80.
21 Hans Philippi, ebda, S. 80.
22 Walter Nieß, Langenselbold, ebda, S. 132, 133, 136, 141, 142.
23 Günter Vollbrecht, Alte Grenzsteine, Prag 2005.
24 Hans Philippi, ebda, S. 81.
25 Evangelische Kirche Rüdigheim, Kirchenführer 2006.
26 Horst Kratzmann, Die Geschichte der Ritterorden, Groß-Gerau 2005, S. 40.
27 Michael Gließner, Die Johanniterkirche in Nieder-Weisel, Schriftenreihe der hessi schen Genossenschaft des Johanniter-Ordens, Heft 21/22, 2000, S. 6.
28 Peter Jüngling, Marienkapelle von Hirzbach, Hanau 2004, S. 25, 72.
29 Heinrich Bott, 1100 Jahre Marköbel, Hanau 1939, S. 12.
30 Heinrich Bott, 1150 Jahre Marköbel, Hammersbach 1989, hg. von Dirk-Jürgen Schäfer und Jost Hausmann, S. 119ff.
31 Georg Wolff, Die südliche Wetterau, Hanau 1913, S. 77.
32 Walter Nieß, Langenselbold, ebda, S. 114, 142.
33 Hans Philippi, ebda, S. 7.
34 Walter Nieß, Langenselbold, ebda, S. 114, 142.
35 Erwin Rückriegel, Hochzeitsgruß von Jacob Grimm, Niedergründau 2007.
36 Willi Stubenvoll, Die Straße, Frankfurt 1990, S. 46ff.
37 Walter Uffelmann, Die Neue Herberge zu Lieblos, Gründau 2007.

38 Walter Nieß, Langenselbold, Büdingen 2002, S. 143.

39 Walter Nieß, ebda, S. 139.

40 Walter Nieß, ebda, S. 25ff.

41 Walter Nieß, ebda, S. 94ff.

42 Rainer Haas, 875 Jahre Langenselbold, Langenselbold 1983, S. 22.

43 Prinzessin Margarete von Isenburg, in: Rainer Haas, ebda, S. 28.

44 250 Jahre Evangelische Kirche Langenselbold 1735-1985, S. 5.

45 Prinzessin Margarete von Isenburg, in: 250 Jahre Evangelische Kirche, ebda, S. 8.

46 Manfred Keil, Der Langenselbolder Hermekruk, Langenselbold 2007.

47 Uta Lacher, Kurt Hanselmann, Schlosskirche und Schloss Meerholz, Hailer 2004.

48 Jutta und Peter Lefèvre (Hrsg.), 300 Jahre Meerholzer Schießhaus und 50 Jahre Schmitz-Lefèvre, Gelnhausen 1981, S. 5.

49 Hessen Archäologie, Stuttgart 2003, S. 84f.

50 Hessen Archäologie, Stuttgart 2004, S. 58f.

51 Hessen Archäologie, Stuttgart 2005.

52 Uta von Freeden und Siegmar von Schnurbein, Spuren der Jahrtausende, Stuttgart 2002, S. 189ff. und 211.

Geschichts- und Heimatverein Ronneburg e. V.

Der Geschichts- und Heimatverein Ronneburg wurde 1986 aus Anlass der 750-Jahrfeier der Gemeinde Ronneburg (erste Erwähnung der Ronneburger Dörfer Hittengesezze und Witteramis in einer Urkunde des Staufenkaisers Friedrich II. 1236) gegründet. Auf der Mitgliederliste der Gründungsversammlung steht der Name S.D. Fürst Otto Friedrich zu Ysenburg und Büdingen an erster Stelle. Der Fürst (1904 bis 1990) war in Ronneburg immer sehr bürgernah und unserem Vereinsleben sehr zugewandt.
Wir haben heute 110 Mitglieder und würden uns freuen, auch Sie als Mitglied gewinnen zu können.

Unsere Vereinsziele sind:
- Heimatgeschichtliche Forschung in Ronneburg und im Ronneburger Hügelland
- Vorträge zur Heimatgeschichte, Ausstellungen
- Veröffentlichung der »Ronneburger Heimatblätter«
- Bewahrung historischer Bodenfunde und Denkmalschutz
- Pflege von Tradition und Brauchtum
- Bewahrung und Pflege der Mundart
- Archivierung von Bild und Dokumenten
- Heimatgeschichtlichen Bibliothek
- Heimatkundliche Wanderungen
- Reisen zu historischen Stätten

Ferdinand Graef
(1. Vorsitzender)

Bildnachweis

Klaus Adrian 6 oben
Wilhelm Bohlender 64 links, 65 links, 66, 67 oben
CoCon-Verlag 13, 112, 113, 126
Willi Daniel 129, 130, 131
Reiner Erdt Titel, 4, 6, 7, 10, 12, 24, 26, 27, 28, 29, 31, 32, 38, 47, 48, 49, 50, 53, 54, 55, 56, 57, 58, 60, 62, 63 unten, 65 rechts oben, unten, 67 unten, 68, 69, 70, 71, 72, 73 unten, 74, 75, 78, 79, 80, 82, 84, 90, 92, 95 oben, 96, 97, 98, 99, 100, 102, 104, 109, 110, 115 oben, 116, 116, 117, 133, 140, 141, 143, 144, 148, 149, 151, 156, 160, 163, 167 oben, 168 oben, 170, 188, 189
Geschichts- und Heimatverein Ronneburg e.V. 16, 39, 51 rechts oben, 52 oben, 63 oben, 88
Ferdinand Graef 26 unten links, 31 unten links, 32 unten rechts, 33, 42, 43, 44, 46, 52 unten rechts, 83, 85, 86 unten, 87, 93, 94, 95 unten, 100 links unten, 102 links unten, 105, 114, rechts, 118, 119, 120, 121, 122, 123, 124, 125, 127, 128, 134, 135, 136, 137, 138, 139, 142, 145, 146, 147, 149 rechts unten, 150, 151 rechts und unten links, 154, 155, 157, 158, 159, 162, 163 unten links, 164, 165, 166, 167 rechts unten, 168 rechts, 169, 172, 174, 181
Waltraud Hermann 52 links unten und Porträt
Johannes Karpenstein 153
Hans Kreutzer 22, 23, 45 oben
Landesverband für Obstbau, Gartenbau und Landschaft Baden Württemberg e.V. 107, 108
Museum Hanau, Schloss Philippsruhe 20 (Franz Stassen 20, B 5072 v. St.)
Joseph Prestele 34 (Amana)
Erwin Rückriegel 152, 153
Horst Schäfer 36, 89, 106
H. Schlichtherle 79
Schlossarchiv Büdingen 39
Hans-Otto Schmitt 173, 176, 177, 180
Johann Schütze 40, 45
Eckard Robert Schwand 21, 25 oben, 41
J. Thomas 51 unten
Zentrum für Regionalgeschichte Main-Kinzig 64 rechts

Kontaktadressen

Geschichts- und
Heimatverein Ronneburg e.V.
1.Vorsitzender Ferdinand Graef
Bergstraße 25
63549 Ronneburg
Tel.: 06048.1495
www.ronneburghistory.de

Burg Ronneburg
Museum
63549 Ronneburg
Tel.: 06048.950905
www.burg-ronneburg.de
Dienstag bis Sonntag: 10 bis 18 Uhr

Gackeleia Kleinkunstbühne
Ronneburger Hof 9
63549 Ronneburg-Altwiedermus
Info und Karten-Tel.: 06048.3005
www.gackeleia.de

Jugendzentrum Ronneburg
Auf dem weißen Berg
63549 Ronneburg
Tel.: 06048.9613.0
Email: info@jugendzentrum-ronneburg.de
www.jugendzentrum-ronneburg.de

Regionalpark Rhein-Main
Die Hohe Straße, Freizeitkarte
Riedstraße 9
65439 Flörsheim am Main
Tel.: 06145.955134
Email: regionalpark-ballungsraum@floersheim-main.de

Hessisches Landesamt für Geoinformation und Bodenmangement
Schaperstraße 16
65195 Wiesbaden
www.hvbg.hessen.de

Heimatmuseum Langenselbold
Im Schlosspark
63505 Langenselbold
Tel.: 06184.62602
Email: info@heimatmuseum-langenselbold.de
www.heimatmuseum-langenselbold.de
Öffnungszeiten: Jeden ersten Sonntag im Monat von 14 bis 18 Uhr

Heimatmuseum Niedergründau
Alte Schule
Obergasse 20
63584 Gründau
Tel.: 06058.2203
Jeden ersten Sonntag im Monat von 14 bis 17 Uhr und jeden ersten Mittwoch im Monat von 19.30 bis 21 Uhr sowie an festgelegten Fest- und Feiertagen und nach Vereinbarung
Eintritt frei

Heimatmuseum Gelnhausen
Am Obermarkt 7 (Hinterhaus)
63571 Gelnhausen
Tel.: 06051.830300
Täglich geöffnet

Dorfmuseum Ronneburg-Neuwiedermuß
Alfred Helbig
63459 Ronneburg
Besuche nur nach Vereinbarung
Tel.: 06048.1383

Gaststätten

Hotel und Landgasthof zur Krone
Küchenmeister Reiner Erdt
Langstraße 7
63549 Ronneburg-Hüttengesäß
Tel.: 06184.3030
Email: hotel@hessenkrone.de
www.hessenkrone.de
Feine Landküche, 1. Preis für Deutsche Küche in Hessen 2004

Restaurant-Cafe Burg Ronneburg
Herbert Zinkhan
63549 Ronneburg
Tel.: 06048.7130
Festliches Burggrafenmahl im Ritterkeller der Ronneburg, auf Wunsch mit Vorkoster

Restaurant Bierschorsch
Hotel zum Euro
63584 Gründau-Lieblos
Tel.: 06051.92730
Email: info@hotel-euro.de

Gasthof zum Deutschen Hof
63549 Ronneburg-Neuwiedermuß
Tel.: 06048.277
Gutbürgerliche Küche,
eigene Apfelweinkelterei

Gaststätte Schöne Aussicht
Bogen 2
63549 Ronneburg-Hüttengesäß
Tel.: 06184.3191

Dragoner-Bau-Hotel-Restaurant
Schlosspark 7
63505 Langenselbold
Tel.: 06184.937474
Kutschenfahrten

Gaststätte Hagenfeld
Restaurant und Weinlokal
63546 Hammersbach/Marköbel
Tel.: 06185.222
www.weinhaus-hagenfeld.de
Direkt auf den Fundamenten des Römerkastells, 2. Platz »Rhein-Main geht aus 2007«

Hotel und Gaststätte zum goldenen Engel
Marktplatz 9
63505 Langenselbold
Tel.: 06184.3493

Gutsschänke Hühnerhof
63584 Gründau-Haingründau
Tel.: 06058.906646
Golfplatz

Historischer Landgasthof zum Bogen
an der Alten Leipzigerstraße
63584 Gründau-Rothenbergen
Tel.: 06051.91529-0
Gutbürgerliche Küche,
eigene Hausschlachtung,
Spezialität Highland Cattle

Restaurant Schießhaus
Peter Lefévre, Küchenchef in 5. Genaration
Schießhausstr. 10
63571 Gelnhausen-Meerholz
Tel.: 06051.66929
www.schiesshaus.de

Danke

sage ich allen, die durch Bereitstellung von Fotos und Aufsätzen zur Gestaltung dieses Bildbandes beigetragen haben.

Ich danke insbesondere Reiner Erdt für seine hervorragend gelungenen Bildbeiträge aus dem Ronneburger Hügelland und für seine nachhaltige Unterstützung.
Ein besonderer Dank gilt auch Anja Zeller für das Layout.
Unserem Vereinsmitglied Willi Daniel danke ich besonders für seine interessanten Beiträge zur Grenzsteinforschung rund um die Ronneburg und Dr. Hans-Otto Schmitt für seine archäologischen Grabungsberichte über die frühe Besiedlung des Ronneburger Hügellandes. Herzlichen Dank auch an Oberststudienrat Erwin Rückriegel für das Gemälde von der Bergkirche mit dem Hochzeitsgruß von Jacob Grimm.
Eine besondere Bereicherung dieses Buches sind die Mundartbeiträge aus dem Ronneburger Hügelland »Flouch on Sääsche vo-em Boamschtek« von Dr. Manfred Keil in Selbolder Sproch, die »Geschichde der Wirrermisser Feuerwihr« von Horst Lehr und von Helmut Schäfer in Hüttengesäßer Mundart »Des schinsde Doarf uff däre Weld«.

Ferdinand Graef